RAMAS

 HISTOIRE DU CANADA

Du même auteur

Histoire du Notariat canadien, 1621-1960. Les Presses de
l'Université Laval, Québec, 1962. (Prix Raymond-Casgrain,
1962; Prix Montcalm (Paris), 1963). Épuisé.

L'édition universitaire en France. Les Presses de l'Université
Laval, Québec, 1967. Épuisé.

Éloquence indienne. Fides, Montréal et Paris, [1968]. Épuisé.

L'administration de la Nouvelle-France/The Administration of
New France, 1627-1760. Les Presses de l'Université Laval et
University of Toronto Press, 1970.

Madeleine de Verchères. Éditions du Bien public, [Trois-
Rivières], 1978.

Mgr Jean-Olivier Briand, 1715-1794. Éditions des Dix, Québec,
1979.

François de Laval. Fides, [Montréal], et Les Presses de
l'Université Laval, [Québec], [1980].

Rêves d'empire. Le Canada avant 1700. Archives publiques du
Canada, Ottawa, 1982.

La famille Drouin au Perche (1551-1636). [La Revue], Sainte-
Anne-de-Beaupré, 1985.

L'enracinement. Le Canada de 1700 à 1760. Archives publiques
du Canada, Ottawa, 1985.

ANDRÉ VACHON

DE LA SOCIÉTÉ ROYALE DU CANADA

RAMAS

I HISTOIRE DU CANADA

septentrion

Couverture: Lévis Martin

ISBN 2-921114-23-2

Diffusion: Dimedia
539, boul. Lebeau, Ville Saint-Laurent. H4N 1S2

À mon fils Normand

Avant-propos

Le présent ouvrage est composé d'une cinquantaine de courts articles, rédigés depuis 1955. Aucun n'est inédit, bien que plusieurs aient été remaniés et que tous aient été revus. On voudra bien, désormais, en oublier les versions originales, et considérer celles-ci comme définitives.

Il est d'usage de faire porter à des amis trop enthousiastes la responsabilité de semblables rééditions. Pour ma part, personne ne m'y a poussé; tout au plus certains ont-ils approuvé ma décision de réunir ces écrits, éparpillés dans de nombreux périodiques.

Ramas* ne s'adresse pas tant aux historiens professionnels — qui y trouveront peut-être à glaner — qu'aux amateurs d'histoire et au public le plus large, — et c'est pourquoi je souhaite qu'on le juge d'une lecture facile, voire agréable.

*   *   *

Je remercie les organismes et les maisons d'édition qui m'ont autorisé à reproduire ces textes, et dont on trouvera la liste à la fin du recueil.

A. V.

---

*   J'emprunte ce titre à certaines Relations des jésuites de la Nouvelle-France, dont le dernier chapitre est intitulé "Ramas de diverses choses".

Table des matières

ÉTUDES ET BIOGRAPHIES

XII

MIETTES

SOUVENIRS

AAQ
Archives de l'Archevêché de Québec.

AHDQ
Archives de l'Hôtel-Dieu de Québec.

AJQ
Archives judiciaires de Québec.

AJTR
Archives judiciaires de Trois-Rivières.

ANDQ
Archives de la paroisse Notre-Dame de Québec.

ANQ
Archives nationales du Québec à Québec.

ANQ-M
Archives nationales du Québec à Montréal.

APC
Archives publiques du Canada.

ASQ
Archives du Séminaire de Québec.

BRH
Bulletin des recherches historiques.

Cartier (Biggar)
Biggar, H. P., ed., The Voyages of Jacques Cartier, "Publications of the Public Archives of Canada" no 11, Ottawa, 1924.

Champlain (Biggar)
Biggar, H. P., ed., The Works of Samuel de Champlain, 6 vol., "The Publications of the Champlain Society", Toronto, 1922-1935.

Champlain (Laverdière)
Laverdière, C.-H., éd., Oeuvres de Champlain, 6 vol., Québec, 1870. (Pagination consécutive.)

Coll. de pièces jud. et not.
Collection de pièces judiciaires et notariales.

DBC
Dictionnaire biographique du Canada.

Dict. généal.
Tanguay, Cyprien, Dictionnaire généalogique des familles cana-
diennes, 7 vol., Québec, 1871-1890.

Édits, ord., I
Édits, ordonnances royaux, déclarations et arrêts du Conseil
d'État du roi concernant le Canada, Québec, 1854.

Édits, ord., II
Arrêts et règlements du Conseil Supérieur de Québec, et ordonnances et jugements des intendants du Canada, Québec, 1855.

Édits, ord., III
Complément des ordonnances et jugements des gouverneurs et
intendants du Canada, précédé des commissions des dits gouverneurs et intendants et des différents officiers civils et de
justice, Québec, 1856.

Ins. cons. souv.
Insinuations du Conseil souverain.

Ins. prév. Québec
Insinuations de la Prévôté de Québec.

JJ
Laverdière et Casgrain, éd., Le Journal des Jésuites, Montréal,
1892.

JR
Thwaites, Reuben G., ed., The Jesuit Relations and Allied Documents..., 73 vol., New York, 1959 (réimpression).

Jug. et délib.
Jugements et délibérations du Conseil souverain de la Nouvelle-
France, 6 vol., Québec, 1885-1891.

Le Jeune, Dict. général
Le Jeune, L., o.m.i., Dictionnaire général [...] du Canada,
2 vol., Ottawa, [1931].

Marie de l'Incarnation (Oury)
Oury, Dom Guy, éd., Marie de l'Incarnation, Ursuline. Correspondance, Solesmes, 1971.

NF
Nouvelle-France.

Ord., comm.
Roy, P.-G., éd., Ordonnances, commissions, etc, etc, des gouverneurs et intendants de la Nouvelle-France, 2 vol., Beauceville,
1924.

Ord. int.
Ordonnances des intendants de la Nouvelle-France.

RAPQ
Rapport de l'Archiviste de la Province de Québec.

RHAF
Revue d'histoire de l'Amérique française.

RUL
Revue de l'Université Laval.

SHA
Service historique de l'Armée (France).

ÉTUDES ET BIOGRAPHIES

La pierre de Kensington

Aux environs de l'an mil des Vikings naviguèrent du Groenland vers l'Amérique et y fondèrent trois colonies: le Helluland (Terre de la pierre plate), le Markland (Terre du bois) et le Vinland (Terre du vin). Le Helluland se situerait dans l'île de Baffin, et le Markland au Labrador; quant au Vinland, le plus méridional des trois établissements, longtemps les spécialistes se perdirent en conjectures sur son emplacement, mais nous savons maintenant qu'il le faut placer à l'Anse aux Meadows, à Terre-Neuve[1].

Ces éphémères colonies et les pérégrinations des Vikings donnèrent lieu, parmi les américanistes, à des controverses durables, sans cesse alimentées par l'imprécision et l'ambiguïté des Sagas. Les indices archéologiques, rares à vrai dire, dont on aurait pu espérer qu'elles apaiseraient les disputes, les avivèrent souvent au contraire, comme ce fut le cas, notamment, pour la pierre dite de Kensington.

Cette pierre de 200 livres, qui mesure 77 centimètres de hauteur, 40 de largeur et 18 d'épaisseur[2], fut trouvée en 1898 près de Kensington, dans le Minnesota. Elle porte une inscription runique, dont la traduction, compte tenu des lacunes, se lit ainsi:

(Nous sommes) huit Goths [Suédois] et vingt-deux Norvégiens en voyage d'exploration (venant) du Vinland par [ou à travers] l'Ouest. Nous avons campé à côté (d'un lac avec) deux rochers à une journée de marche au nord de cette pierre. Nous nous sommes absentés et avons pêché un jour. En revenant (nous) avons trouvé dix (de nos) hommes rouges de sang et morts. Avm [Ave Virgo Maria]. Sauve-nous du Malin. (Nous) avons

---

1. Le réchauffement notable du climat, vers l'an mil, explique la présence de vignes sauvages au nord de Terre-Neuve, d'où le nom de Vinland donné à cette colonie.
2. R[obert] d'H[arcourt], "Une relique des Vikings" dans Journal de la Société des Américanistes, nouvelle série, XXXVII (1948), 342s.

dix des nôtres près de la mer, pour surveiller nos vaisseaux à quatorze journées de cette île. An 1362.[3]

L'inscription fut d'abord accueillie avec beaucoup de
scepticisme. Quelques spécialistes, néanmoins, frappés par la
date de 1362, l'attribuèrent aux membres de l'expédition de Poul
Knutsson, lequel avait reçu du roi Magnus de Norvège, par lettre
du 28 octobre 1354, l'ordre de partir pour le Groenland[4]. Mais
on ignore si Knutsson fit ce voyage, et la pierre de Kensington
serait la seule indication d'une exploration qu'il aurait conduite sur le continent. Bref, on ne crut guère à l'authenticité
de ce vestige, acquis par la Smithsonian Institution.

En 1948, selon Robert d'Harcourt, "des études plus
poussées[5] [avaient] permis de réhabiliter" la "relique des
Vikings"[6]; et, en 1951, William Thalbitzer publiait les conclu-
sions d'un nouvel examen qu'il avait fait de l'inscription.
Pour lui, elle était l'oeuvre d'un "scribe expert de la vieille
école suédoise", qui connaissait parfaitement la prononciation
du XIVe siècle, et dont le texte inspirait "toute confiance"[7].
Et Thalbitzer reprenait la théorie de l'expédition de Knutsson.

En dépit d'efforts semblables pour accréditer la pierre
de Kensington, l'authenticité en est, aujourd'hui comme autrefois,
niée par la plupart des spécialistes. Tous les runologues, selon
le Canadien Oleson[8], s'accordent pour affirmer que l'inscription
de Kensington ne saurait d'aucune manière remonter au Moyen Âge,
et qu'elle aurait été gravée au XVIIIe ou au XIXe siècle. Aussi
Eric Oxenstierna déclarait-il sans ambages, en 1962, que "des

---

3. Ibid., 343.

4. T. J. Oleson, The Norsemen in America, The Canadian Historical Association,
"Historical Booklet", no 14 (Ottawa, 1963), 17.

5. Il faut mentionner, en particulier, les nombreux articles de H. R. Holand,
partisan acharné et parfois fanatique de l'authenticité de la pierre de
Kensington.

6. D'Harcourt, op. cit., 342.

7. Cité par Marius Barbeau, Comment on découvrit les Indiens d'Amérique
(Montréal, 1966), 21s.

8. Oleson, op. cit., 18.

études précises faites après la deuxième guerre mondiale ont prouvé qu'il s'agissait d'un faux...

...si bien qu'il est inutile d'en parler"[9].

---

9. Eric Oxenstierna, Les Vikings, histoire et civilisation (Paris, 1962), 234. — Il y eut d'autres cas célèbres de mystification, comme celle qui, en 1913, à Piltdown (Angleterre), donna lieu à la "découverte" par Teilhard de Chardin d'une canine qui lui valut sa première renommée en paléontologie humaine. Cette mystification — dont Teilhard fut la victime — n'a été dénoncée qu'en 1953.

La Grande Hermine*

L'historien prend rarement parti dans les querelles du jour. Tout à ses documents, il ne lit guère les journaux. Hors la rebondissante affaire Dollard Des Ormeaux, quelle question historique pourrait donc faire la manchette des quotidiens? Et Dieu sait les bateaux que certains journalistes nous ont montés sur le héros du Long-Sault! À ces bateaux inventés de toutes pièces, ils affectent de croire dur comme fer, et leurs lecteurs avec eux. Imaginez dès lors l'excitation générale, l'enthousiasme délirant, quand l'histoire, malicieusement, livre au public un vrai bateau, qui tiendra la mer celui-là, et qui naviguera de surcroît, toutes voiles gonflées! Ce bateau, chacun de le revendiquer à grands cris, âprement; une nouvelle controverse éclate, qui affole soudain — et parfois renverse — les cervelles en apparence les mieux ancrées.

Fuyant la frénésie des disputes comme on fait des vents déchaînés, l'historien aussitôt s'abrite dans le havre silencieux de sa bibliothèque pour y poursuivre ses méditations. Il ne lui appartient pas, après tout, de décider du sort de la Grande Hermine, et il refuse absolument de s'en mêler. Mais l'occasion est excellente de relire les relations de Cartier, si savoureuses en dépit de leur brièveté. Pendant que les ferrailleurs s'entre-déchirent, l'historien questionne le découvreur et entend sa réponse. Oyez, messieurs les combattants, oyez vous aussi la noble voix du Malouin, si onques avez loisir de faire trêve.

---

* Cet article fut publié dans deux quotidiens de Québec, l'Action et le Soleil, les 24 et 26 novembre 1966 respectivement. Construite pour Expo 67, la réplique de la Grande Hermine devait ensuite être conservée dans le parc Cartier-Brébeuf, à Québec. La Gaspésie, cependant, la réclama vivement, sous le prétexte que le navire du même nom avait mouillé à Gaspé le 24 juillet 1534. Un grand débat s'ensuivit, au détriment souvent de cette vérité historique dont Gaspésiens et Québecois se disaient les défenseurs.

Le 20 avril 1534, raconte Cartier, "partimes du havre et port de Sainct Malo, avecques lesdits deux navires, du port de envyron soixante tonneaulx chaincun, esquippez, les deux, de soixante ung homme."[1] Ces deux navires, dont Cartier ne dévoile pas les noms, sont ceux-là mêmes qui étaient à l'ancre dans la baie de Gaspé lorsque le Malouin y planta une croix, le 24 juillet 1534. La relation ne nous en dit rien de plus. Celle du second voyage (1535), cependant, est plus explicite. L'expédition compte cette fois trois navires: la Grande Hermine, "du port de envyron cent à VI^{XX} [six-vingts, c'est-à-dire 120] thonneaulx", la Petite Hermine, "du port de envyron soixante thonneaulx", et l'Émerillon, "du port de envyron XL [40] thonneaulx"[2]. En rapprochant les deux textes, on en viendra à une double conclusion: que la Grande Hermine, du port de 100 à 120 tonneaux, n'a pas participé au voyage de 1534, au cours duquel Cartier ne commandait que deux navires de 60 tonneaux; et que la Petite Hermine, du port de 60 tonneaux, a peut-être été de ce premier voyage.

La Grande Hermine n'a donc jamais mouillé à Gaspé, Cartier n'y étant pas retourné après le 24 juillet 1534; mais elle hiverna à Québec en 1535-1536.

Le Malouin ne s'en tient pas là. Il veut encore nous instruire des résultats de ses deux premiers voyages.

Depuis longtemps Terre-Neuve et le golfe étaient connus des Européens. On y allait chaque année pêcher la morue, et des explorateurs — Fagundes notamment, en 1521 — s'étaient attardés dans ces parages. En 1534, Cartier était familier avec les noms de Havre Sainte-Catherine (Catalina Harbour), de Cap Bonavista, de Baie des Châteaux (Détroit de Belle Isle), de Blanc Sablon, etc. En cinglant plus avant dans le golfe, il commença à baptiser baies, îles et caps; mais l'absence de toponymes connus de lui ne prouve pas que ces lieux fussent jusque là restés déserts. À Port Daniel, dans la Baie des Chaleurs, des Indiens tendirent des fourrures à Cartier, comme s'ils avaient eu l'habitude du troc avec les Européens.[3]

---

1. Cartier (Biggar), 4.
2. Ibid., 93.
3. Ibid., 3-50.

Le mérite de Cartier n'est pas d'avoir pénétré dans le golfe, mais d'en avoir le premier fait systématiquement le périple et d'avoir rapporté une relation précise de son exploration. Non point découverte dans le sens plein du mot, mais reconnaissance intelligente et méthodique, tel fut le voyage de 1534. En outre, le 24 juillet, parvenu à Gaspé, le Malouin avait officiellement pris possession du nouveau territoire au nom de François I[er4]. La France pouvait dès lors revendiquer une Nouvelle-France.

Mais le titre de gloire par excellence de Cartier reste la découverte du Saint-Laurent, en 1535. Le fleuve immense ouvrait à la France le coeur d'un continent. C'était la découverte la plus importante, en Amérique du Nord, depuis celle de Colomb. Cartier remonta son fleuve jusqu'à Hochelaga (Montréal), puis il hiverna à Stadaconé (Québec), en Canada, "province" qui s'étendait à peu près de l'Île aux Coudres à Portneuf. Ce deuxième voyage rendit possibles la venue de Champlain et l'enracinement d'une colonie française en terre américaine.

Voilà le témoignage de Cartier. Mais déjà son fantôme s'évanouit dans les brumes du passé, cependant qu'émergent les lignes mouvantes de la _Grande Hermine_. Quant à l'historien, ravi de son dialogue avec le découvreur, il a moins que jamais le goût des querelles. De son havre studieux, il vous fait humble révérence.*

---

4. _Ibid._, 64s.
* Voir dans _Encyclopaedia Universalis_, III (Paris, 1969), 999s., l'article que j'y ai consacré à Jacques Cartier.

III

Le scorbut

Les premiers hivers que les Français passèrent au
Canada tournèrent presque tous au désastre. Les hommes mouraient
en grand nombre, et, le printemps venu, on se hâtait le plus souvent de rentrer en France. Cartier, en 1535-1536, perdit vingt-
cinq de ses compagnons[1], et Roberval, en 1542-1543, une cinquantaine[2]; Champlain, pour sa part, écrit que, de soixante-dix-neuf
qu'ils étaient à l'Île Sainte-Croix en 1604-1605, il en périt
trente-cinq, "& plus de 20. qui en furent bien prés"[3].

On ne mourait ni de faim ni de froid, mais du scorbut,
une maladie qui n'était pas nouvelle, à vrai dire, ni propre à
la Nouvelle-France: Joinville lui attribuait en partie l'échec
de la première croisade de saint Louis, et Paris même en fut
atteint en 1699.

Le scorbut est causé par la carence, dans l'organisme,
de la vitamine C; or, pendant l'hiver, les hommes devaient se
nourrir presque exclusivement de viandes et de poissons salés,
et de quelques légumes cuits, qui en étaient presque entièrement
dépourvus. Champlain soupçonnait que cette affection avait quelque rapport à l'alimentation: elle provenait, selon lui, entre
autres causes, "que de manger trop de salures & legumes, qui
eschauffent le sang, & gastent les parties interieures. [...]
Ayant de bon pain & viandes fraîches", croyait-il, "on n'y seroit
point subject"[4].

Cartier et Champlain décrivirent les symptômes de la
maladie, dont ils observaient, impuissants, les suites funestes.
Il semble, à les entendre, que ni l'un ni l'autre n'en avait
encore eu l'expérience, bien que le scorbut décimât souvent, à
cette époque, les équipages des navires au long cours.

---

1. Cartier (Biggar), 211.
2. Ibid., 267.
3. Champlain (Laverdière), 189s.
4. Ibid., 319, 320.

"...Commança la maladie entour [parmi] nous, d'une merveilleuse [surprenante] sorte <u>et la plus incongnue</u>", écrit en effet Cartier,

> car les ungs perdoient la soustenue [devenaient incapa-
> bles de se tenir debout], et leur devenoyent les jambes
> grosses et enfflées, et les nerfz retirez et noirciz
> comme charbon, et aucunes [quelques-unes] toutes semées
> de gouttes de sang comme pourpre; puys montoyt ladicte
> maladie aux hanches, cuysses, espaulles, aux braz et au
> col [cou]. Et à tous venoyt la bouche si infecte et
> pourrye par les gencivez, que toute la chair en tumboyt
> [tombait], jusques à la racine des dents, lesquelles
> tumboyent presque toutes.[5]

Champlain, étonné lui aussi des ravages du scorbut, les décrit plus longuement encore, mais d'une façon concordante:

> Durant l'yver [1604-1605] il se mit une certaine maladie
> entre plusieurs de nos gens, appelée mal de terre, autre-
> ment Scurbut, <u>à ce que j'ay ouy dire depuis à des hommes</u>
> <u>doctes</u>. Il s'engendroit en la bouche de ceux qui l'avoient
> de gros morceaux de chair superflue & baveuse (qui causoit
> une grande putrefaction) laquelle surmontoit tellement
> [accablait tellement par la surabondance], qu'ils ne pou-
> vaient presque prendre aucune chose, sinon que bien
> liquide. Les dents ne leur tenoient presque point, &
> les pouvoit on arracher avec les doits sans leur faire
> douleur. L'on leur coupoit souvent la superfluité de
> cette chair, [ce] qui leur faisoit jetter force sang
> par la bouche. Apres il leur prenoit une grande dou-
> leur de bras & de jambes, lesquelles leur demeurerent
> grosses & fort dures, toutes tachetes comme de morsures
> de puces, & ne peuvoient marcher à cause de la contrac-
> tion des nerfs: de sorte qu'ils demeuroient presque
> sans force, & sentoient des douleurs intolerables. Ils
> avoient aussi douleur de reins, d'estomach & de ventre;
> une thoux fort mauvaise, & courte haleine: bref ils
> estoient en tel estat, que la pluspart des malades ne

---

5. Cartier (Biggar), 204s.

pouvoient se lever ny remuer, & mesme ne les pouvoit on
tenir debout, qu'ils ne tombassent en syncope.[6]

"Ladicte maladie [estant] incongnue", Cartier fit
"ouvrir le corps" de Philippe Rougemont, natif d'Amboise, âgé de
vingt-deux ans environ, "pour veoyr [s'il auroit] aucune cognois-
sance d'icelle", afin d'en préserver, si possible, le reste de
ses hommes:

> Et fut trouvé qu'il avoyt le cueur tout blanc & fletry,
> envyronné de plus d'un pot d'eaue, rousse comme datte;
> le foye, beau; mays avoyt le poulmon tout noircy et
> mortiffyé; et s'estoit retiré tout son sang au dessus
> de son cueur; car, quand il fut ouvert, sortit au des-
> sus du cueur une grande habundance de sang, noyr et
> inffect. Pareillement avoyt la ratte, par devers
> l'eschine, ung peu entamée, envyron deulx doidz, comme
> si elle eust esté frottée sus une pierre rudde. Après
> cela veu, luy fut ouvert et incizé une cuisse, laquelle
> estoit fort noire par dehors, mais par dedans, la chair
> fut trouvée assez belle.[7]

Champlain, qui voulait lui aussi "recognoistre la
cause de [la] maladie", ordonna à ses chirurgiens de pratiquer
plusieurs autopsies:

> L'on trouva a beaucoup les parties interieures gastées,
> comme le poulmon, qui estoit tellement alteré, qu'il
> ne s'y pouvoit recognoistre aucune humeur radicale: la
> ratte cereuse [séreuse] & enflée: le foye fort legueux
> [ligneux] & tachetté, n'ayant sa couleur naturelle: la
> vaine cave, ascendante & descendante remplye de gros
> sang agulé [coagulé] & noir: le fiel gasté: Toutesfois
> il se trouva quantité d'arteres, tant dans le ventre
> moyen qu'inferieur, d'assez bonne disposition. L'on
> donna à quelques uns des coups de rasouër dessus les
> cuisses à l'endroit des taches pourprées qu'ils

---

6. Champlain (Laverdière), 189.
7. Cartier (Biggar), 207s.

avoient, d'où il sortoit un sang caille fort
noir.[8]

     Cette horrible maladie, souvent fatale aux hommes d'une autre époque, se soigne très facilement de nos jours: il suffit d'absorber, sous une forme ou sous une autre, de la vitamine C, pour que le mal disparaisse rapidement. On dit, par exemple, que l'emploi du jus de citron était, parmi les pirates, un secret bien gardé, qui leur donnait l'avantage sur des adversaires diminués par le scorbut.

     Les Indiens du Canada connaissaient, eux aussi, un remède, qu'ils enseignèrent à Cartier. Ils cueillaient l'écorce et les feuilles du cèdre blanc (Thuja occidentalis) — l'annedda — les pilaient et les faisaient bouillir dans de l'eau. La décoction se révéla d'une efficacité étonnante. Tous les hommes qui en voulurent boire, même les plus atteints, furent guéris en quelques jours, si bien que Cartier parla d'"ung vray et evident miracle"[9].

     Champlain ignorait tout de l'annedda. À Port-Royal, en 1605-1606, il perdit encore douze hommes[10], et, à Québec, en 1608-1609, quinze, dont dix périrent du scorbut[11]. Un peu fataliste, peut-être, Champlain, qui savait que "les Flamans [...] estant attacquez [du scorbut] en leurs voyages des Indes, [avaient] trouvé un remede fort singulier contre cette maladie", avouait ingénument ne pas le connaître, "pour ne l'avoir [pas] recherché"[12].

     S'il fut pratiquement éliminé de la vallée du Saint-Laurent au temps de la colonisation, le scorbut n'en continua pas moins de décimer les équipages et les passagers des navires transatlantiques et les garnisons des forts. On vit même d'Iberville s'en servir comme d'une arme pour réduire les Anglais. En proposant, en 1692, son plan d'attaque contre le

---

8. Champlain (Laverdière), 190.
9. Cartier (Biggar), 214s.
10. Champlain, (Laverdière), 228.
11. Ibid., 318.
12. Ibid., 320.

fort Nelson, il écrivait: "J'ocuperay mes gens à bloquer les anglois dans leur fort et a les serrer de si pres qu'ils ne puissent faire aucune chasse, ny pesche [...] en sorte questant reduits aux seuls Vivres de Leur fort, et a ne manger que des choses salées, la maladie et Le scorbut, se puisse mestre parmy eux". C'est ce qu'il avait fait en 1689.[13]

On peut se demander si Cartier et Champlain, qui connurent toutes les horreurs du scorbut, eussent approuvé la tactique de d'Iberville.

---

13. Guy Frégault, Iberville le conquérant (Montréal, 1944), 115s.

IV

Deux mémoires de Champlain

En 1618, craignant pour l'avenir de la colonie et
fortement inquiété par les dissensions qui viennent d'éclater au
sein même de la Compagnie de la Nouvelle-France, Champlain présente au roi et à la Chambre du commerce deux mémoires en vue
d'obtenir la protection et les secours nécessaires au progrès de
son entreprise[1]. Au roi, il rappelle d'abord les avantages que
lui vaudra la Nouvelle-France: l'établissement "de la foy chres-
tienne parmy un peuple infini d'ames", la possession "d'une terre
de près de dix huict cens lieues de long"[2] et la découverte du
"passage de la mer du sud pour aller à la Chine et aux Indes
orientales par le moyen du fleuve Saint-Laurent". Aux "messieurs
de la Chambre du commerce", il décrit plutôt les ressources du
pays, supputant les alléchants profits qu'on y pourrait réaliser.
Au roi comme aux "messieurs", il expose son programme de colonisation, destiné à mettre pleinement en valeur la lointaine colonie à laquelle il a voué son existence.

*   *   *

Au cours de ses explorations à l'intérieur du continent, Champlain s'est laissé convaincre par les Indiens qu'il
peut "treuver un chemin raccourcy pour aller à la Chine par le
moyen du fleuve Saint-Laurent". Sur la certitude qu'il en a
acquise, il forme un premier projet: "faire à Québec [...] une
ville de la grandeur presque de celle de Sainct-Denis, laquelle
ville s'appellera, s'il plaict à Dieu et au roy, LUDOVICA". En
cette ville, poste de douane entre l'Europe et l'Asie, "sadicte

---

1. Le mémoire au roi se trouve dans Hubert Deschamps, éd., Les voyages de
   Samuel Champlain... (Paris, 1951), 269-275. Le mémoire à la Chambre du
   commerce, dans ibid., 276-278. À moins d'indication contraire, toutes les
   citations en sont tirées.
2. "De la pointe orientale de l'Acadie jusqu'au delà de l'extrémité occidentale du lac Supérieur." (Note de Deschamps, op. cit., 270.) — Vers 1630,
   Champlain écrira: "un pais dont l'estendue excede plus de seize cens lieues
   de longitude, & de latitude prés de cinq cens". Mémoire en requête de
   Champlain pour la continuation du paiement de sa pension (Paris, 1886), 6.

Majesté retireroit un grand et notable profit des impost[s] et
denrées qu'elle pourroit mettre sur les marchandises sortant
dudict pais, [...] comme aussy de la douane des marchandises qui
viendroient de la Chine et des Indes"[3]. Pour défendre ce poste,
écrit-il encore, "il sera faict un fort composé de cinq bastions,
à cousté de ladicte ville, sur un certain lieu relevé des deux
coustés, lequel commandera sur ladicte ville et sur le destroit
de ladicte rivière [Sainct-Laurent]; de l'autre cousté de
laquelle et vis-à-vis se fera un fort de mesme grandeur pour
barrer entièrement le passage de ladicte rivière, comme estant
l'entrée et la porte dudict pais".

      Voilà un projet d'envergure, fondé, il est vrai, sur
une méprise de Champlain, qui se croit sur le chemin des Indes[4].
Méprise explicable, cependant: Champlain est de son temps, et
les allusions répétées des Indiens à une mer du Sud[5], pas très
éloignée, le persuadent peu à peu que c'est là le passage "tant
désiré". Si, pour un moment, on accepte sa théorie, il faut
convenir qu'il a su tenir compte de la position stratégique de
Québec, où le fleuve se comprime en une sorte de détroit facile
à défendre: les forts construits sur les deux rives domine-
raient et protégeraient l'entrée du continent. En bon géographe,

---

3. Champlain estime que la douane "surpasseroit en pris dix fois [au] moings
   toutes celles qui se lèvent en France, d'autant qu'au passage prétendu par
   le sieur de Champlain, passeroient tous les marchands de la chrestienté,
   [...] pour oster un raccourcissement dudict passage de plus d'un an et demy
   de temps, sans le dangier des coursaires et de la fortune de la mer".
4. Champlain semble ne s'être jamais défait de cette conviction. Vers 1630,
   encore, il écrit: "Si le chemin tant désiré pour aller à la Chine se pouvoit rencontrer, soit par les rivieres & lacs, dont aucuns [certains] se
   trouvent de trois cens lieues de long, & si le rapport des peuples du pays
   est véritable, aucuns de ces lacs se deschargent deda[n]s les mers du Sud
   & du Nort: il se feroit par ce moyen un grand & admirable négoce, avec un
   raccourcissement de chemin de plus de trois mil lieues." Mémoire en
   requête de Champlain..., 18.
5. "Les peuples du pais ont asseuré le Sr de Champlain, voyageant avec eux,
   qu'il y a un grand lac comme d'une mer lequel se descharge du costé des
   mers du Sud, comme il se vient rendre du costé du Nort dans le grand
   fleuve Saint-Laurens." Ibid., 27.

Champlain a vu un autre avantage à cet emplacement: l'absence
de "ports" et de "hâvres" entre Tadoussac et Québec. Une garnison à Tadoussac, et le pays était en sécurité. Rien, du reste,
dans ce projet, n'est laissé au hasard: ni l'emplacement de
Ludovica, au milieu de laquelle s'élèvera un temple "nommé le
Rédempteur", ni la position exacte des forts "composés de cinq
bastions", ni même la relève de la garnison de Tadoussac, qui se
fera de "six en six mois".

Vraiment, Champlain pense à tout. Voyez-le expliquer
au roi comment il entend peupler la Nouvelle-France: "afin que
ce saint oeuvre soit bény de Dieu", dit-il, "y mener d'abord
quinze religieux recolets, lesquels seront logés en un cloistre
qui sera faict proche de ladicte église du Rédempteur." Ce souci
d'assurer d'abord la vie spirituelle de la colonie n'est point
l'effet d'une convention ou du respect que lui inspire "sa Majesté
Très-Chrétienne"; c'est bien l'effet d'une conviction, et ses
gestes l'ont prouvé abondamment. Puis, conduire au pays "trois
cens familles chascune composée de quatre personnes, sçavoir le
mary et la femme, fils et fille, ou serviteur et servante, au-
dessous de l'aage de vingt ans, sçavoir les enfants et serviteurs". Il veut des immigrants jeunes, parce qu'un pays neuf
exige des bras vigoureux et des coeurs solides, et qu'on ne
saurait s'y embarrasser de vieillards bientôt à charge; et aussi
parce que l'acclimatation est, en général, plus facile à la jeunesse. Mise en oeuvre, cette politique eût enraciné en Nouvelle-
France une forte population, et, peut-être, changé le cours de
son histoire.

Cette Nouvelle-France, elle doit durer: aussi, comme
"tous les estats qui subsistent", sera-t-elle "appuiée politi-
quement sur quatre arcs-boutants, lesquels sont la force, la
justice, la marchandise [le commerce] et le labourage". La
force sera représentée par "trois cens bons hommes bien arméz
et disciplinéz", qui devront, cependant, "travailler à tour de
role à ce qui sera nécessaire, n'estant besoing aux establisse-
ments de colonnyes d'y porter des personnes [...] qui ne sçachent
à gaigner la vie." Encore pour asseoir solidement et protéger
la colonie, Champlain projette de fonder "quatre villes basties
en remontant ledict fleuve Saint-Laurent, accompagnées de bourgs
et villages". Ces villes sont probablement Tadoussac, où il se

propose de placer une garnison; Québec ou Ludovica; Trois-
Rivières où, dès 1603, il souhaitait s'installer[6]; et Montréal,
qu'il visita en 1611, y faisant un peu de défrichement, ensemen-
çant un lopin de terre et y élevant un mur[7]. Bâtir quatre villes
n'est pas une mince affaire, mais Champlain compte y arriver avec
l'assistance du roi et le revenu des douanes, qui lui serait
remis pendant quinze ans. Son projet est donc appuyé sur quelque
chose de précis — si l'on veut bien, une fois encore, accepter
sa théorie du "passage", sur quoi jusqu'ici tout a reposé.

Pour la justice, il s'en remet au roi: "sa Majesté
sera très-humblement suppliée députer quelques uns de son conseil, pour establir et ordonner les loix fondamentales de
l'estat". Mais il demande, avec raison, qu'on évite les com-
plications habituelles, "chicaneries et procédures", et que "la
justice se fasse gratuitement", "sans qu'il soit besoing de procureur ny d'avocat". De fait, aucun avocat ne fut admis à exercer au Canada sous le régime français[8], les premiers y étant
nommés en 1764[9].

Du commerce et de l'agriculture, Champlain ne parle
guère dans sa lettre au roi: "pour le faict des deux autres
parties [marchandise et labourage], dit-il, il y sera mis ordre
selon l'urgence des cas". C'est à la Chambre du commerce, plus
propre à l'aider en ces matières, que, faisant part de son désir
d'établir "un grand commerce infaillible dans la Nouvelle-France",
il présente son programme économique, sous la forme d'un inventaire détaillé des ressources de la colonie, avec l'estimation
des revenus qu'on en pourrait tirer annuellement: la pêche à la
morue, 1 000 000 de livres; les autres pêcheries, 1 000 000; les
bois "dont se feroient nombre de bons vaisseaux", et les produits

---

6. Champlain (Biggar), I, 135-138.
7. Ibid., II, 175-179.
9. Lahontan écrivait, dans son style bien personnel: "Je ne vous dirai point
   si la justice est ici plus chaste et plus désintéressée qu'en France; mais
   au moins si on nous la rend, c'est à bien meilleur marché. Nous ne passons
   pas par les ongles des procureurs ni par les griffes des greffiers [sic]:
   cette vermine n'a point encore infesté le Canada." (BRH, IV (1898), 18.)
9. André Vachon, "Le notaire en Nouvelle-France", RUL, X (nov. 1955), 235, 242.

dérivés de l'exploitation du bois, 900 000 livres; la culture
des blés, des légumes et du chanvre, 700 000 livres; les mines,
1 000 000; les toiles, câbles, cordages et agrès, qu'on y fabri-
querait, 400 000 livres; les fourrures, 400 000 livres également;
"plus l'on peut tirer dudict pais marbre, jeaspe, albastre, por-
fil et aultres espèces de pierres qui sont de valeur, et peut
s'en faire un notable profit."[10] L'exploitation des matières
premières, leur exportation ou leur transformation dans la colonie, la construction navale même, tout est prévu. Un demi-siècle
plus tard, un intendant de génie, Jean Talon, donnera raison à
Champlain en mettant en oeuvre, avec succès, un programme
identique.*

        À vrai dire, Champlain ne traite guère de l'agricul-
ture. Il mentionne, parmi les ressources coloniales, les blés
et les légumes — voire les vignes — et il dit son intention
de "faire transporter" au pays "à quantité de toutes sortes
d'animaux domestiques", mais il ne s'y arrête guère. Dans sa
pensée, semble-t-il, la Nouvelle-France ne pratiquera qu'une
agriculture de subsistance, la métropole, essentiellement
agricole, n'offrant point de marché pour les céréales et les
légumes canadiens.

        Que ce soit au sujet de l'agriculture, du commerce,
de la force ou de la justice, Champlain, dans ses deux mémoires,
fait preuve d'une belle prévoyance et d'un grand réalisme. À
quelques détails près, l'avenir devait confirmer ses vues, sauf
sur la question du passage de la Chine et des Indes orientales.
Mais qui lui reprochera une illusion que, pendant près de deux
siècles, les meilleurs esprits partagèrent avec lui? Il vaut
mieux reconnaître la justesse et l'ampleur de sa vision, qui en

---

10. Il faut aussi voir le Mémoire en requête... déjà cité où Champlain, après
    avoir donné une liste imposante des oiseaux, des animaux et des poissons
    de la Nouvelle-France, fait un inventaire très détaillé, en trente-huit
    articles, des "utilitez du pays de la Nouvelle France". Tout y est.
    C'est un document fort précieux sur la flore, la faune et les minéraux
    connus en Nouvelle-France vers 1630.
*   Voir la biographie que j'ai consacrée à Talon dans DBC, I, 629-646.

font, à cet égard, l'égal de l'intendant Talon — à qui la tâche, il faut bien l'avouer, était beaucoup plus facile qu'à son lointain prédécesseur.*

---

*   Voir dans Encyclopaedia Universalis, IV (Paris, 1969), 143s., l'article que j'y ai consacré à Champlain. — Malheureusement, en plus de remplacer le verbe concéder (un territoire) par affecter, les éditeurs m'y ont fait dire qu'en 1608 Champlain construisit des habitations à Québec.

V

De l'Abitation de Champlain à l'hostellerie de Boisdon

(1608-1648)

Les Indiens de l'Amérique du Nord ne connaissaient pas les boissons alcooliques. Pour leur approvisionnement en vins et en spiritueux, les premiers colons dépendaient donc entièrement de la métropole. Ils importaient chaque année de généreuses quantités d'eau-de-vie, de vin et de cidre[1]. Quant à la bière, les récollets en fabriquaient déjà en 1620[2], semble-t-il; en 1622, en tout cas, on possédait à Québec "une chaudière à brasser de la biere, qui tenoit prés d'un tonneau", et qui ne devait pas servir uniquement à cuire la sagamité[3] — non plus du reste que "la chaudière à brasserie" de la famille Hébert, dont Sagard parle en 1627[4]; plus tard, en mai 1646, on voit le frère Ambroise Cauvet préparant à Notre-Dame-des-Anges le "grue" (gruau) et la "biaire" pour le compte des jésuites[5]. La même année, ces derniers construisirent à Sillery une nouvelle brasserie, qu'ils inaugurèrent au début de mars 1647[6]. Or, dans la terre voisine de Saint-Michel, propriété de Pierre de Puiseaux, on trouvait "ung corps de logis qui avoit accoustumé de servir de brasserie

---

1. À l'époque, on n'aurait pas imaginé pouvoir vivre au Canada sans d'abondantes réserves de boissons, qui servaient à plusieurs usages. En 1604-1605, Champlain fait allusion à ces réserves quand il écrit que le froid fut si intense, à l'île Sainte-Croix, que les "boissons gelerent toutes à l'exception du vin d'Espagne. On donnoit le cidre à la livre." Champlain (Laverdière), 191. — En 1624, Champlain mentionne l'arrivée de "sept tonneaux de citre [sic]". Ibid., 1060.
2. "Nous avons du grain suffisamment pour faire du pain et de la bière...". Denis Jamet, récollet, à Charles de Bove, Québec, 10 août 1620, dans O.-M. Jouve, Les Franciscains et le Canada, I (Québec, 1915), 161.
3. Champlain, op. cit., 1026.
4. Gabriel Sagard, Histoire du Canada... (Paris, 1866), II, 517.
5. JJ, 46.
6. JJ, 69, 73, 78.

24

et de forge"[7]. Au moins trois autres brasseries existaient vers
ces années: celle de la Communauté des Habitants, à Québec, où
un incendie se déclara le 7 janvier 1648[8], celle qui, à Trois-
Rivières, faisait face au magasin, "proche le grand fleuve Sainct
Laurent"[9], et celle de Louis Prudhomme, à Montréal, mentionnée
dans un contrat d'octobre 1650[10]. La bière se fabriquait donc
communément dans la colonie, de même que le bouillon, breuvage
alcoolisé à base de pâte fermentée, qu'on buvait dans toutes les
maisons[11]. On ne produisit point de vin, sinon que très rarement et en très petites quantités, au moyen de raisins sauvages
et surtout pour les fins du culte[12].

   Dès après la fondation de Québec (1608), il y eut bien
quelques désordres dus à l'alcool dans le petit poste commandé
par Champlain. Mais le brave Saintongeais ne badinait pas sur
ces questions, d'autant que ses commis poussaient l'effronterie
jusqu'à piller — oh! très discrètement — la cave de l'Abitation[13]. Peut-être Champlain donna-t-il le ton: ses successeurs
se montrèrent parfois impitoyables pour les ivrognes. "Le vingt
neufiesme Decembre de l'an mil six cens trente cinq, écrivait le
père Le Jeune, furent mises à un pillier devant l'Eglise, des
affiches & defenses, sur certaines peines, de blasphemer, de
s'enyvrer, de perdre la messe & service divin aux jours de Festes.
En suite dequoy, un carcan fut attaché au mesme pilier, & un chevalet aupres, pour les delinquants; où fut mis par effet le
sixiesme janvier un yvrogne & blasphemateur."[14] Et l'on était

---

7. Acte de vente de la terre de Saint-Michel (Teuleron, notaire, 21 mars
   1647), RHAF, V (juin 1951), 124.
8. JJ, 100.
9. ANQ, Minutier de Claude Bermen, 19 juin 1649.
10. ANQ-M, Minutier de Jean de Saint-Père, 22 octobre 1650. Il est de nouveau
    question d'une brasserie à Montréal — est-ce celle de Prudhomme? — en
    mai 1651. JJ, 153.
11. Pierre Boucher, Histoire veritable et naturelle ... de la Nouvelle-
    France... (Paris, 1664), 140. À sa mort (1651), Jacques Hertel, par exem-
    ple, possédait cinq barriques de bouillon. P.-G. R[oy], "À propos de
    Hertel", BRH, XLIX (1943), 350.
12. V.g. Sagard, op. cit., I, 218.
13. Champlain, op. cit., 1051.
14. JR, IX, 144.

au coeur de l'hiver canadien, et sur le promontoire venteux de
Québec au surplus! Qu'à cela ne tienne, les ivrognes doivent
être châtiés. Le 25 décembre 1645, encore, "deux de nos françois s'estant mis à boire, attendant la messe de minuit, s'eny-
vrerent [...]. Mons. le Gouverneur [Montmagny] les fit mettre
sur le chevalet exposés à un nord-est espouvantable."[15] (Gageons
qu'à leur libération il fallut leur donner un bon coup d'eau-de-
vie pour les ranimer et les réchauffer!) Puis, en avril 1648,
"quatre ou 5. personnes furent mises sur le chevalet pour s'estre
enyvrées à Pasque."[16] — Les Rois 1636, Noël 1645, Pâques 1648:
la tradition de "fêter", au Canada français, remonte loin, et
l'expression "être en fête" (i.e. être gris, être ivre)[17], cou-
rante encore au Québec, paraît trouver ici sa justification.

Applaudissant à la sévérité de l'État, les gens
d'Église ne se montraient pas moins intraitables sur le chapitre
de l'ivrognerie. Deux fois ils refusèrent la sépulture ecclésiastique à des ivrognes. À la question de cet intrépide buveur
de Basselin:

> Qui estoit cestuy qui est gisant
> Sous ceste froide sepulture?

ils n'auraient certes pas répondu:

> Un riche avare qui, vivant,
> Ne buvoit que l'eau toute pure.

En 1647, en effet, un nommé Bastien mourait dans un incendie,
alors qu'il était en état d'ivresse. "On retira les restes du
corps", écrit le supérieur des jésuites, "que nous ne jugeasmes
point à propos d'enterrer en terre saincte, estant un ivrogne
manifeste & public, incorrigible, & mort sans signe de penitence
dans son Yvrognerie; en suite on ne fit aucune prière publique
pour luy."[18] Plus tard, un certain Bondy se noya; il était ivre.

---

15. JJ, 23.
16. JJ, 106.
17. Glossaire du parler français au Canada (Québec, 1930), 343.
18. JJ, 92.

"On l'enterr[a] comme un chien vers nostre moulin"[19], écrit un
jésuite.

S'ils étaient opposés à l'ivrognerie et "prêchaient
fortement contre", selon le mot d'un chroniqueur de l'époque,
les jésuites ne condamnaient point l'usage modéré des boissons
alcooliques. Les vins et les eaux-de-vie même leur étaient
familiers; mais, au Canada, les vins étaient chers, et les eaux-
de-vie plus encore. Les communautés religieuses adoptèrent la
bière, — le "champagne du pauvre", comme on dit au Québec,—
que souvent elles brassaient elles-mêmes, réservant les vins et
les spiritueux pour les festivités et les échanges de cadeaux.
Les jésuites de Québec, par exemple, envoyèrent, en février 1648,
"quatre bouteilles de vin d'Espagne pour les jours gras" à leurs
confrères de Sillery[20]. Le 1er janvier 1646, encore, les religieux offraient "4. mouchoirs à la femme d'Abraham [Martin] & à
luy une bouteille d'eau de vie"[21]; le 31 décembre 1647, les hospitalières firent porter aux pères "un petit quart de vin
d'Espagne d'environ 4. pots"[22]; en 1649, le 1er de l'an, "M. le
Gouverneur [d'Ailleboust] envoya le matin son sommelier [remet-
tre aux jésuites] deux bouteilles de vin d'Espagne, un coq d'Inde
& un Agnus Dei; autant au P. Vimont, & le double de vin d'Espagne
au P. le Jeune. Les Hospitalières [leur] envoyerent un baril de
vin d'Espagne & deux chapons"[23]. On voit encore les jésuites
donner de la bière aux enfants qui venaient de faire leur première communion[24], et de la bière et du vin aux chantres de la
messe de minuit, ce qui en "enruma" plusieurs, qui furent incapables ensuite de "chanter les festes"[25]. — Eaux-de-vie, vins
et bière jouaient donc un rôle important dans la vie sociale.

---

19. JJ, 355.
20. JJ, 103.
21. JJ, 25.
22. JJ, 99.
23. JJ, 119. — Plus tard, le jour de l'Epiphanie 1660, on verra Mgr de Laval
    faire don aux soldats du fort de "deux pots d'eau de vie & 2. livres de
    petun [tabac]". JJ, 273.
24. JJ, 293.
25. JJ, 315.

En 1648, il n'y avait encore, au Canada, ni auberge ni cabaret. Il fallait déguster chez soi ou chez les amis les vins, les spiritueux et la bière qu'on se procurait au magasin de la Communauté des Habitants. Or Québec, siège du gouvernement et port de mer, comptait plus de deux cents âmes. Le tonnelier Boisdon crut le moment venu de doter la capitale de sa première hostellerie. Il présenta une requête au Conseil, lequel sans doute délibéra gravement, car l'affaire était de conséquence: outre les intérêts commerciaux de la Communauté, il fallait à tout prix sauvegarder la moralité publique. Finalement, les conseillers, ayant à leur tête le gouverneur général d'Ailleboust, décidèrent à l'unanimité d'agréer la demande de Boisdon — un monsieur qui s'y connaissait en tonneaux, barriques, fûts et futailles, et que son nom même semblait prédestiner au métier de cabaretier.

Parkman, romantique à son ordinaire, le prénomme Jean[26]. Jean Boisdon! Une enseigne toute trouvée. J'en bois donc, si l'on veut, mais de quoi? La clarté et la précision bien connues de la langue française n'y trouvent point leur compte. Première difficulté que n'a pas prévue l'anglophone historien. La deuxième est de taille — historiquement parlant — puisqu'il est avéré que le prénom de Boisdon était Jacques. Jacques Boisdon... Voyez-vous là rien qui puisse frapper l'imagination et amuser les badauds de Québec? — Cher Parkman, eût-il mieux connu les subtilités de notre langue, il se fût contenté d'appeler son cabaretier J. Boisdon — à la fois un nom, une raison sociale et une devise!

Le document suivant, lourd de nobles signatures, fut cérémonieusement rédigé par le greffier:

> Sur la requeste presentee au Conseil par M Jacques boisdon tendante a ce qu'a lexclusion de tout autre il luy fut permis de tenir boutique de patisserie a Quebec Et hostellerie pour tout allans Et venans, Le Conseil inclinant a la susdite requeste l'a accordee Et enterrinee aux conditions Et mentions suivantes

26. Francis Parkman, The Old Regime in Canada (Boston, 1893), 382.

Premièrement qu'il feroit sa demeure a la place publique
non loing de l'Eglise pour y avoir comodité entre autres
de s'aller chauffer En luy payant ce que de raison

2 Qu'il ne souffiroit [souffriroit] aucun scandale ny
yvrognerie blaspheme jurement ny jeux de hazart en sa
maison

3 Que les dimanches Et les festes pendant les grandes
Messes vespres sermons Et cateshisme la maison seroit
vuidee de personnes Estrangeres et fermee

4 Qu'il seroit soigneux de garder les ordres Et regle-
ments qui seront Etablis pour le trafic Et le commerce.

Le Conseil de sa part lui accorde la susdite exclusion
de tout autre en cet office pour six ans. Et qu'il
luy soit passé huict tonneaux gratis en une ou plusieurs
annees Et qu'il se serve pour trois ans de la Brasserie
appartenant a la comunauté.

Fait et arresté au Conseil estably par sa Majesté a
Quebec ce dix neuf septembre mil six cens quarante
huict.

de Chavigny	Dailleboust
Godefroy	H lalemant
J Boisdon	Giffard[27]

Le premier cabaret de la Nouvelle-France naquit en
quelque sorte sous les auspices de la religion et du commerce.
Louis d'Ailleboust de Coulonge et d'Argentenay, membre de la
Société de Notre-Dame de Montréal, ne rêvait que d'Indiens à
convertir, mais avait finalement accepté la charge de gouverneur
général. Le jésuite Jérôme (Hiérosme) Lalemant, un saint homme
s'il en fut, paraît avoir été aussi à l'aise pour donner au sieur
Boisdon un statut de cabaretier que pour rédiger les constitutions des ursulines de Québec. Les trois autres conseillers,

27. ASQ, Documents Faribault, 79.

Robert Giffard, seigneur-colonisateur et chirurgien à l'Hôtel-
Dieu, François de Chavigny de Berchereau, seigneur, homme
d'affaires, deuxième des quatre maris d'Eléonore de Grandmaison,
et Jean-Paul Godefroy*, navigateur, commerçant et administra-
teur, dictèrent probablement les clauses commerciales du document, après avoir accueilli de bonne grâce les exigences de
leurs éminents collègues relativement à la sauvegarde des bonnes
moeurs.

C'est ainsi, diront les malins, que l'on imagina un
cabaret chauffé près d'une église qui ne l'était pas, une "hostellerie" qui fût une sorte d'antichambre de la nef, laquelle se
remplirait dans le moment même où l'auberge se viderait d'une
clientèle tenue loin du scandale, du blasphème, des jeux de
hasard et de l'ivrognerie, et qui aurait trouvé au cabaret le
recueillement nécessaire pour passer à la paroisse... — Il
reste, pour parler sérieusement, que les clauses 2 et 3 se
retrouvent dans tous les règlements subséquents relatifs aux
cabarets et aux auberges, et que l'église, dans la clause 1, le
cède en importance à la place publique, centre du petit bourg et
emplacement du marché — là où, justement, carcan et chevalet
menaçaient les ivrognes, sans parler du terrible nordet... Il
est vrai que le moraliste Pierre Charron, mort en 1603, disait,
en parlant des tonneaux qu'on perce, que "l'on n'en peut rien
tirer qu'on ne leur donne du vent"!

Les clauses commerciales de la "Convention de Jacques
Boisdon tonnelier" — c'est le titre du document — paraîtront
bien vagues. Mais, en septembre 1648, il y avait encore peu de
temps que la Communauté des Habitants détenait le monopole de la
traite, et le Conseil, composé en majorité de membres de la
Communauté, venait à peine d'être renouvelé. On aura préféré en
rester à des généralités, au moment où, vraisemblablement, les
grandes orientations n'étaient pas encore arrêtées. Ce qui
n'empêcha pas Boisdon d'obtenir quelques avantages: privilège
exclusif de tenir "hostellerie" pendant six ans, et huit tonneaux
de fret gratis, à la seule condition d'acheter la bière qu'il
débiterait, pendant trois ans, de la brasserie de la Communauté.

---

*   Voir la biographie que je lui ai consacrée dans DBC, I, 349s.

Si l'on ignore tout de Boisdon* et de son "hostellerie", on sait néanmoins que les cabarets ne tardèrent pas à se
multiplier en Nouvelle-France. Vers 1680, — et même plus tôt, —
la situation devint extrêmement grave: la colonie était couverte
de débits officiels ou clandestins, et les abus étaient flagrants.**
C'est alors que les autorités commencèrent à réglementer d'une
façon beaucoup plus précise — et souvent sans grand succès — le
commerce de l'alcool.

Mais c'est là une autre histoire.

---

* Voir l'article que je lui ai consacré dans DBC, I, 107s.
** Voir dans _Toxicomanies_, vol. I, no 3 (sept.-déc. 1968), 327-329, mon arti-
cle intitulé "Cabarets de la Nouvelle-France: les problèmes".

VI

Nicolas Marsolet de Saint-Aignan

Les historiens ne s'accordent pas sur la date de l'arrivée en Nouvelle-France de Nicolas Marsolet: les uns optent pour 1608, les autres pour 1613 ou pour 1618. Le seul témoignage un peu explicite est celui de Champlain qui, racontant les événements de 1629, écrivait de Pierre Raye, d'Étienne Brûlé et de Marsolet qu'il les avait "autrefois mené[s] en [ses] voyages, il y avoit plus de quinze à seize ans". Or, nous savons que Champlain avait quitté la France en 1613 pour un sixième séjour au Canada, au cours duquel il remonta l'Outaouais jusqu'à l'Île aux Allumettes, en pays algonquin. C'est cette année-là, croyons-nous, que Marsolet, futur interprète en langues montagnaise et algonquine, débarqua dans la colonie, en compagnie du fondateur de Québec.

Originaire des environs de Rouen, — peut-être de Saint-Aignan-sur-Ry, comme le suggère son nom, — né en 1587, si l'on en croit l'acte de sépulture, ou en 1601, suivant le recensement de 1666, Marsolet décéda à Québec le 15 mai 1677.

On peut distinguer, dans sa longue carrière, deux périodes pendant lesquelles il adopta successivement les conceptions de la colonie dont les tenants s'affrontaient en Nouvelle-France. D'une part, les commerçants et leurs commis, uniquement préoccupés de fourrures et de richesses, s'opposaient à l'établissement d'une population française; Champlain et ses alliés, d'autre part, luttaient pour peupler la colonie et évangéliser les Indiens. Jusque vers 1636, Marsolet semble avoir appuyé les marchands; par la suite, il passa dans l'autre camp.

On possède, sur lui, bien peu de renseignements antérieurs à 1629. En 1623 et en 1624, il était présent à Tadoussac, et, le 24 mars 1627, à Paris; à l'été de 1627, de retour au Canada, il prenait part à la traite, au Cap-de-la-Victoire. Enfin, peut-être est-il ce "truchement" qui, en 1625-1626, retenu par une pleurésie, hiverna chez les jésuites de Québec et consentit à communiquer ses connaissances linguistiques au père Charles Lalemant.

Dès son arrivée en Nouvelle-France, Marsolet partagea
probablement son activité entre les postes de Tadoussac, de
Québec et de Trois-Rivières, et les villages algonquins de
l'Outaouais, vivant avec les Indiens dans la plus grande liberté
et constamment à la recherche de gros profits. C'est du moins
ce que laissait entendre Champlain, en 1629, lorsqu'il accusait
Marsolet et Brûlé, de "demeure[r] sans religion, mangeant chair
Vendredy & Samedy", de se licencier "en des desbauches & liberti-
nages desordonnées" et surtout d'avoir, par amour du lucre,
"trahy leur Roy & vendu leur patrie" en se mettant au service
des Anglais lors de la prise de Québec par les Kirke.

De Marsolet, Champlain eut une autre raison de se
plaindre: l'interprète fit échouer son projet d'emmener en
France Charité et Espérance, deux des trois Indiennes que le
fondateur de Québec avait adoptées. Dans le dessein, peut-être,
de garder auprès de lui les jeunes filles, dont le "galand",
écrit Champlain, "vouloit abuser", ou pour punir Espérance du
refus qu'elle avait opposé à ses avances, Marsolet persuada faus-
sement au capitaine anglais — fort soucieux de la faveur des
Indiens — que ces derniers verraient d'un mauvais oeil le
départ des adolescentes. Malgré les dénégations indignées de
Champlain et son offre d'apaiser les Indiens par un riche présent, David Kirke ne l'autorisa pas à prendre avec lui ses deux
protégées. Cette machination de Marsolet lui valut, de Champlain
et d'Espérance, de virulents reproches.

À l'été de 1629, la plupart des Français s'embarquèrent
pour la France. Marsolet resta. Au bénéfice des Anglais, il
continua d'exercer son métier d'interprète. En 1632, les Français revinrent. De nouveau, Marsolet changea d'allégeance, mais
non point d'attitude: "En tant d'années qu'on a esté en ce païs,
écrivait en 1633 le jésuite Le Jeune, on n'a jamais rien pû tirer
de l'interprete ou truchement nommé Marsolet, qui pour excuse
disoit qu'il avoit juré qu'il ne donneroit rien du langage des
Sauvages à qui que ce fût." Nicolas Marsolet couvait encore
cette vieille méfiance, commune à la majorité des trafiquants, à
l'endroit des missionnaires — et des colons — dont on redou-
tait l'influence sur les Indiens pourvoyeurs de la traite.

L'interprète était, cependant, sur le point de laisser tomber ses préventions. Vers 1636, le mouvement en faveur du peuplement et de l'évangélisation, bien qu'à ses débuts, paraissait irréversible. Marsolet se rallia à l'opinion générale et décida de s'établir. En 1636 ou 1637 (un premier enfant fut baptisé le 22 février 1638), il épousait Marie Le Barbier et, le 6 octobre 1637, prenait possession de la seigneurie de Bellechasse (Berthier), d'un quart de lieue de front sur une lieue et demie de profondeur, que les Cent-Associés lui avaient concédée le 28 mars précédent; trois ans plus tard, le 20 novembre 1640, il achetait de René Maheu une terre au coteau Sainte-Geneviève. Marsolet menait alors une vie rangée. En 1643, la Relation parlait de lui comme d'un collaborateur précieux des missionnaires.

Sa longue expérience des questions indiennes et de la traite lui valut, vers 1642, l'emploi de commis des Cent-Associés; bientôt, tout en exerçant son métier d'interprète, qu'il n'abandonna jamais, Marsolet trafiqua pour son compte. En mauvais termes avec les dirigeants de la Communauté des Habitants, dont il désapprouvait le luxe et contre lesquels il souleva, en janvier 1646, un mouvement de protestation vite réprimé par le gouverneur, il dut faire fond sur ses propres ressources pour mener à bien ses entreprises commerciales. Depuis 1647 au moins, il était propriétaire d'une barque qu'il utilisait pour ses voyages de traite à Tadoussac. Vers 1660, il semble avoir tenu boutique à Québec: en décembre 1664, par exemple, on l'accusait d'avoir débité du vin à 25 sols le pot, malgré les arrêts du Conseil. En 1663, il était au nombre des dix-sept colons à qui le gouverneur Pierre Dubois d'Avaugour avait, le 4 mars, affermé pour deux ans la traite de Tadoussac; ce bail, jugé irrégulier, fut peu après cassé par le Conseil souverain.

Entièrement tourné vers le commerce des fourrures, le "petit roi de Tadoussac" ne se mit guère en peine, peut-être faute de capitaux, d'exploiter les nombreuses concessions dont il fut le bénéficiaire. Après la seigneurie de Bellechasse, qu'il céda le 15 novembre 1672 à Alexandre Berthier, Marsolet avait reçu de l'abbé de La Ferté, le 5 avril 1644, les prairies Marsolet, un arrière-fief d'une demi-lieue de front sur deux de profondeur, dans la seigneurie du Cap de la Madeleine; de la Compagnie de la Nouvelle-France, le 16 avril 1647, la même

étendue de terre, dans une partie de la future seigneurie de
Gentilly, qu'il vendit à Michel Pelletier de La Prade le 23
octobre 1671; et de Jean Talon, le 3 novembre 1672, le fief
Marsolet, d'une demi-lieue de front sur une lieue et demie de
profondeur, dans la future seigneurie de Lotbinière. Aucun de
ces fiefs ne fut habité ou défriché par les soins de Marsolet.
Dans la censive de Québec, il possédait deux autres terres: 71
arpents au coteau Sainte-Geneviève, accordés par la Compagnie de
la Nouvelle-France le 29 mars 1649, et 16 arpents sur la rivière
Saint-Charles, concédés par Louis d'Ailleboust le 10 février
1651. Seule la terre du coteau Sainte-Geneviève fut mise en culture — en 1668, Marsolet déclare que les 71 arpents sont "à présent en labour" et qu'il y "a fait bastir deux logis et une
grange". Il semble, comme le laisse croire le bail à ferme consenti à Raymond Pajet dit Carcy en 1656, que cette terre fut surtout exploitée par des fermiers.

Peu avant 1660, et bien qu'à l'occasion il servît
encore d'interprète, Nicolas Marsolet mit fin à ses courses vers
Tadoussac pour se consacrer à ses affaires à Québec, où il devait
mourir en 1677. Sa veuve, qui lui avait donné dix enfants dont
quelques-uns s'allièrent aux meilleures familles du pays, convola
avec Denis Le Maistre, le 8 mai 1681. Elle fut inhumée à Québec
le 21 février 1688.

Avec le vieil interprète disparut l'un des derniers
témoins des premières années de Québec. Ces années héroïques,
Nicolas Marsolet les avait, certes, vécues intensément. Il nous
plaît de reconnaître en lui l'un de ces hommes épris d'aventure,
courageux, durs à la tâche, qui, même s'ils ne furent pas toujours sans reproche, contribuèrent à bâtir la Nouvelle-France.

VII

La guerre iroquoise et ses conséquences

À l'époque où les premiers navires français abordèrent en Amérique du Nord, les Iroquois étaient déjà en guerre contre les Indiens de la "confédération laurentienne": Hurons, Algonquins, Montagnais.

On chercherait en vain à percer le mystère de la nuit pré-colombienne pour découvrir l'origine de ce conflit. Quelque événement particulièrement important, ou quelque affront vivement ressenti, aurait-il divisé à jamais et ligué les uns contre les autres ces fiers combattants? Ou bien serait-ce les contestations fréquentes au sujet des territoires de chasse et les affrontements répétés des chasseurs à la poursuite du gibier? Quelles qu'en aient été les causes, la guerre commencée, il était quasi impossible qu'elle s'arrêtât, et c'est Léon Gérin qui, le premier, en a donné la raison.

Les Indiens de la famille huronne-iroquoise étaient semi-sédentaires: ils vivaient en partie des fruits de la terre, surtout du maïs, et en partie des produits de la chasse. Aux femmes, outre les tâches domestiques, incombaient les travaux des champs, tandis que la chasse faisait, avec la guerre, à peu près l'unique occupation des hommes. Le bon fonctionnement de la société dépendait, selon Gérin, de l'équilibre entre ces deux "ateliers de travail", à l'intérieur de la famille comme à l'intérieur du clan. Périodiquement rompu par la guerre et par les mariages, l'équilibre était rétabli par l'adoption de prisonniers, si bien qu'on attaquait pour enlever des hommes et des femmes à l'ennemi, lequel, pour combler les vides, se mettait en campagne à son tour — et ainsi de suite[1].

Essentiellement nomades, les Algonquins et les Montagnais ne pratiquaient pas l'adoption, et les Iroquois, inversement, dédaignaient ces gens d'une culture trop inférieure à la

---

1. Léon Gérin, "Les causes du conflit Iroquois-Huron", dans Nouvelle-France, II (1903), 276s.

leur. Aussi se livraient-ils de part et d'autre à une guerre
d'extermination, alors que les nations soeurs, huronnes et iroquoises, désireuses de ménager en quelque sorte le capital humain
où elles puiseraient de nouvelles forces, cherchaient à vaincre
l'ennemi sans l'anéantir. Au vrai, Algonquins et Montagnais
n'intervenaient que pour soutenir les Hurons, avec lesquels ils
entretenaient des rapports commerciaux aussi étroits qu'anciens.

Les Iroquois, qui avaient autrefois habité la vallée du
Saint-Laurent, avaient dû se replier jusqu'au sud-est du lac
Ontario, dans l'actuel état de New York. Davantage à l'abri des
surprises, ils y avaient perfectionné à loisir leurs institutions
politiques. L'Iroquoisie devint, si elle ne l'était pas déjà,
une fédération de cinq nations. Chacune avait son conseil et sa
propre politique, laquelle, néanmoins, ne devait pas aller à
l'encontre de la politique générale, définie par l'assemblée
plénière de la fédération, où siégeaient ses représentants. À
l'arrivée des Français, les Iroquois maîtrisaient une organisa-
tion politique bien supérieure à celle de toute autre nation
indigène. Peu nombreux — c'est à peine si, en 1670, la nation
la plus populeuse pouvait armer mille deux cents guerriers[2] —
les Iroquois, grâce à leur sens politique et à la souplesse de
leurs institutions, réussirent à se jouer des Français à maintes
occasions, tant sur le terrain de la diplomatie que sur les sen-
tiers de la guerre.

*   *   *

Les Iroquois avaient pour voisins les Hurons, au nord
du lac Ontario, et, à l'est, les Hollandais de la Nouvelle-
Amsterdam (plus tard la Nouvelle-York).

Dès 1614, des trafiquants hollandais rencontraient les
Iroquois et jetaient avec eux les bases d'une entente commerciale:
les Iroquois s'engageaient à livrer des fourrures aux Hollandais,
qui, en échange, leur fourniraient des produits européens, dont

---

2. "Récit de ce qui s'est passé de plus remarquable dans le voyage de MM. Dollier
   et Gallinée (1669-1670)", dans Pierre Margry, éd., Mémoires et documents pour
   servir à l'histoire des origines françaises des pays d'outre-mer, I (Paris,
   1879), 128.

les armes à feu. Cette alliance, plus économique que militaire, faisait contrepoids à celle que Champlain et les Français avaient conclue, quelques années auparavant, avec les Indiens de la "confédération laurentienne", et avec les Hurons en particulier. Les Français, cependant, avaient jugé prudent de ne pas armer leurs alliés à l'européenne. Beaucoup plus tard, ils consentirent enfin à trafiquer quelques arquebuses, mais aux chrétiens seulement, alors qu'en 1642 les Agniers en possédaient à eux seuls trois cents, dont ils se servaient "avec addresse et hardiesse"[3].

Hurons et Iroquois avaient promis des fourrures en grandes quantités. Or, leurs territoires respectifs étaient pauvres en gros gibier. Les Hurons, habitués dès longtemps au commerce, ne s'en trouvèrent point embarrassés. Portant aux Algonquins, aux Montagnais et aux Outaouais du maïs, du tabac, du chanvre et des produits de leur industrie, ils en recevaient de la viande fumée et des fourrures en abondance. Patients, rusés, beaux parleurs, ils étaient passés maîtres dans l'art des échanges fructueux. Ils devinrent rapidement, entre les nations pourvoyeuses de fourrures et les Français, les intermédiaires indispensables. Les Iroquois, au contraire, n'avaient pas de tradition commerciale; coupées des nations du Nord par le pays des Hurons, ennemies au surplus des nomades de la famille algonquine, les Cinq-Nations paraissaient devoir assister, impuissantes, à l'enrichissement des Hurons.

Les Iroquois ne furent pas longs à concevoir un plan: avec la complicité des Hollandais, qui les munirent des précieuses arquebuses, ils entreprirent de détourner les fourrures des Hurons vers la Nouvelle-Hollande. Laissant leurs rivaux poursuivre sans entrave leur commerce avec les nations du Nord, les Iroquois s'embusquaient le long des rivières, aux époques où les canots, regorgeant de fourrures, voguaient lourdement vers la colonie française, et, attaquant à l'improviste, massacraient les conducteurs, s'emparaient des cargaisons et les dirigeaient vers les factoreries hollandaises. Les fourrures se firent chaque année plus rares dans les postes du Saint-Laurent, et le revenu de la traite baissa à ce point qu'en 1645 la

---

3. JR, XXIV, 270.

Compagnie des Cent-Associés céda son monopole à la Communauté
des Habitants. Celle-ci inaugura son règne par la signature de
la paix avec les Iroquois (1645), autorisant ainsi, à ce qu'il
sembla, les plus grands espoirs.

La paix ne fut, à vrai dire, qu'une trêve — le temps
pour les Iroquois d'imaginer un nouveau plan. Dès le printemps
de 1647, ils reprenaient les armes, décidés à sacrifier leurs
frères ennemis, les Hurons, et à se substituer à eux comme intermédiaires de la traite, mais au profit des Hollandais. À la fin
de 1649, c'en était déjà fait de la Huronie; le 28 juillet 1650,
arrivaient à Québec les restes de la nation huronne: quelque
quatre cents personnes qui venaient se placer sous la protection
des armes françaises. Voilà à quoi était réduite une population
qui, en 1636, comptait de trente à trente-cinq mille âmes[4].
Brisés physiquement et moralement par les maladies contagieuses
importées d'Europe et par les famines, incapables de s'adapter
au rythme de vie imposé par une concurrence commerciale effrénée,
fort mal armés au surplus, les Hurons n'avaient offert aucune
résistance à la poussée des arquebuses iroquoises*.

Il restait aux Iroquois à recueillir les avantages
commerciaux de leur foudroyante victoire. Là gisait la vraie
difficulté. Depuis des temps immémoriaux, les Algonquins, les
Montagnais et les Outaouais avaient été liés aux Hurons par
leurs intérêts commerciaux, et, depuis peu, aux Français. À la
victoire iroquoise, ces derniers répondirent par une offensive
diplomatique, tentant désespérément de renforcer leur alliance
avec les nomades. Dans leur orgueil, les Iroquois ne comprirent
pas, alors, qu'à la diplomatie il fallait opposer la diplomatie.
Leur insolente froideur, voire leur hostilité, à l'endroit des
nations du Nord eut pour effet de raffermir les liens unissant
les Français à ces pourvoyeurs de la traite. Ainsi le profit de
leur victoire échappa-t-il entièrement aux Iroquois.

---

4. JR, X, 312, XL, 222.
*   Sur les conséquences, néfastes pour les Indiens, de leurs rapports avec les
    Blancs, on peut lire mon article intitulé "L'eau-de-vie dans la société
    indienne", publié dans le Canadian Historical Association Report (Ottawa,
    1960), 22-32.

Déçus, mais farouchement déterminés à parvenir à leurs fins, les Iroquois adoptèrent un plan plus audacieux encore — à la mesure de leur orgueil exacerbé. C'est tout le réseau de traite français qu'ils voulaient maintenant détruire. Aucune nation indigène en relation avec la colonie canadienne ne serait épargnée: ils porteraient la guerre en Acadie, à Tadoussac, au lac Saint-Jean, dans le haut Saint-Maurice et sur l'Outaouais. Ils s'attaqueraient aux Français eux-mêmes, pour les chasser de la vallée du Saint-Laurent.

* * *

Les conséquences de la guerre iroquoise se firent sentir sur la colonie bien avant que les Iroquois ne l'eussent attaquée de front.

Le progrès et l'existence même de la Nouvelle-France, en effet, étaient liés au rendement de la traite. En créant, en 1627, la Compagnie des Cent-Associés, Richelieu lui avait donné l'Amérique du Nord "en toute propriété, justice et seigneurie" et, entre autres privilèges, le monopole à perpétuité de la traite des fourrures; en retour, la compagnie s'engageait à établir quatre mille colons en quinze ans, à assumer les frais de l'administration et de la défense du pays, de même qu'à entretenir trois ecclésiastiques dans chaque habitation[5]. En somme, les Cent-Associés étaient obligés de coloniser, d'une part, et de faire la traite, d'autre part: sans la traite, point de ressources; sans ressources, point de colonisation. Richelieu avait placé la Nouvelle-France sur une base bien fragile.

Pendant les années qui suivirent le traité de Saint-Germain-en-Laye (1632), la traite fut généralement d'un bon rapport. Mais, en 1637, elle commença à s'avilir, à la suite de l'inauguration par les Iroquois de la politique de détournement des fourrures vers la Nouvelle-Hollande. Incapable d'assurer la liberté des communications sur les grandes voies fluviales, la compagnie se trouva bientôt dans l'impossibilité de subvenir aux besoins les plus urgents. Elle céda son monopole aux Habitants, qui promettaient de soutenir le pays de leurs deniers (1645).

---

5. Édits, ord., I, 5-11.

À ce moment, la population atteignait à peine cinq cents âmes: on était loin des quatre mille colons que les Cent-Associés devaient recruter avant 1643. Le défrichement et la mise en valeur des terres retardaient. Il est certain que le ralentissement de la traite — causé par la guerre iroquoise — explique en bonne partie cette stagnation.

Sous le régime de la Communauté des Habitants, survint la désolation de la Huronie (1648-1649). Non seulement les Français perdaient-ils les intermédiaires irremplaçables de la traite, mais encore les autres tribus, sous la menace constante des Iroquois, en furent-elles réduites à brûler les peaux qu'elles ne pouvaient plus descendre à Québec ou à Montréal[6].

La crise économique eut des répercussions sur toute la vie coloniale: le pays n'avait pas l'argent pour s'administrer convenablement, et encore moins pour se défendre; les communautés religieuses, qui dépendaient en partie des subventions de la compagnie et de la générosité des particuliers, avaient du mal à jouer leur rôle social; les marchands se voyaient acculés à la ruine et, en 1660, au témoignage de Marie de l'Incarnation, "ces Messieurs vouloient quitter ce païs, ne croyant pas qu'il y eût plus rien à faire pour le commerce. S'ils eussent quitté, ajoute l'ursuline, il nous eût fallu quitter avec eux; car sans les correspondances qui s'entretiennent à la faveur du commerce, il ne seroit pas possible de subsister icy."[7]

À toutes ces misères vinrent s'ajouter, à partir de 1650, les horreurs des attaques iroquoises à l'intérieur même de la colonie. Au moment et à l'endroit où on l'attendait le moins, l'ennemi surgissait pour massacrer quelque colon sans défense. Jamais ces coups de main n'avaient été aussi nombreux. Presque chaque semaine, on avait à déplorer quelques pertes. La vie et les travaux quotidiens en furent perturbés; on construisit des réduits[8], on rappela les populations des lieux éloignés: en 1667, par exemple, la seigneuresse Éléonore de Grandmaison

---

6. JR, XLV, 226-228.
7. Marie de l'Incarnation (Oury), 637.
8. JJ, 232s.

déclarait avoir été "contrainte ainsy que tous ceux qui estaient ses tenanciers qui pourraient estre au nombre de vingt de quitter et abandonner les dits lieux [la seigneurie de Chavigny ou Deschambault] par le commandement qui en avait esté fait par les gouverneurs à cause des incursions et fréquentes courses des Iroquois, après y avoir fait au moins dix mille livres de depenses tant en maisons qu'en désertage de vingt-cinq arpens au moins mis en nature de labour"[9].

Enfin, la guerre iroquoise retarda beaucoup le travail apostolique des jésuites, auxquels la liberté des communications n'était pas moins essentielle qu'aux marchands. L'effort de leurs missionnaires, néanmoins, fut remarquable, en Huronie surtout. Or, en 1649, la mission huronne — la plus florissante de la Nouvelle-France — était anéantie, et plusieurs jésuites furent tués. Dans la suite, les tribus alliées étant menacées d'un sort semblable à celui des Hurons, les missionnaires risquaient quotidiennement leur vie en essayant d'évangéliser des Indiens affolés qui, toujours les armes à la main et courant de-ci de-là, n'avaient que fort peu le loisir de les écouter.

*   *   *

À plusieurs reprises, depuis Champlain, on avait conclu la paix avec les Iroquois. Mais, les colliers de porcelaine* et les prisonniers sitôt échangés, les massacres recommençaient, si toutefois ils avaient cessé momentanément. Après mainte expérience malheureuse, on s'était persuadé que l'Iroquois n'était qu'un fourbe et que sa parole ne valait rien, d'autant que jamais les cinq nations ne participaient toutes à la conclusion d'un traité, l'une ou l'autre se réservant pour les occasions où il faudrait intervenir sans avoir l'air de violer la parole donnée. C'est ainsi que la souplesse de leurs

---

9. ANQ, NF-6, Fois et hommages, I, 181; P.-G. Roy, éd., Papier terrier de la Compagnie des Indes occidentales (Beauceville, 1931), 112.

*   Sur les colliers de porcelaine (wampums) et sur leur usage dans la diplomatie indienne, voir mes articles: "Colliers et ceintures de porcelaine chez les Indiens de la Nouvelle-France", dans les Cahiers des Dix, XXXV (1970), 251-278, et "Colliers et ceintures de porcelaine dans la diplomatie indienne", dans ibid., XXXVI (1971), 179-192.

institutions politiques permettait aux Iroquois de continuer la
lutte tout en signant la paix, et d'arracher au Français trop
naïf — du moins au début — des avantages qu'ils retournaient
aussitôt contre lui.

En 1660, on ne croyait plus à une entente possible
avec l'Iroquoisie: il fallait anéantir ces "barbares", ou être
massacré jusqu'au dernier. Au début de la Relation de cette
année-là, le père Le Jeune exprimait le sentiment commun en
demandant au roi une armée qui réduisît les Cinq-Nations[10].
L'armée vint, mais en 1665 seulement, et l'on connut, enfin! une
paix durable en 1666.

Dans les années qui suivirent, la politique française
à l'égard de l'Iroquoisie se modifia entièrement. La concurrence s'accentuant entre la Nouvelle-Angleterre et la Nouvelle-
France, et celle-ci ne pouvant offrir des prix comparables à
ceux de sa rivale, les Indiens de l'allégeance française, habitant pour la plupart les "pays d'en haut", étaient fortement
enclins à porter leurs pelleteries à Albany plutôt qu'à Montréal,
d'autant plus que la route de la Nouvelle-Angleterre était plus
courte et beaucoup plus facile. Alors se réveilla le vieux rêve
des Iroquois d'agir comme intermédiaires entre ces Indiens et les
Anglais (qui avaient défait les Hollandais en 1664): ils refusèrent obstinément aux tribus alliées — qui s'obstinaient elles
aussi à traiter directement avec les Anglais — le droit de passage sur leurs territoires, qu'il fallait nécessairement emprun-
ter pour atteindre les postes de traite. En cherchant leurs
intérêts, les Iroquois faisaient donc le jeu des Français. On
comprit vite, en Nouvelle-France, l'avantage de leur présence
entre les chasseurs de la famille algonquine et les Anglais.
Aussi ne fut-il plus question de détruire l'Iroquoisie, mais de
la tenir en paix — ce qui était également essentiel au bon rendement de la traite.

---

10. JR, XLVI, 196-198.

VIII

Un hôpital de mission

En 1639, la Nouvelle-France comptait à peine trois cents colons, établis à Québec, à Beauport, à la côte de Beaupré et à Trois-Rivières[1]. Disséminée dans la forêt canadienne, cette maigre population, pas même comparable en nombre aux bandes indiennes qui l'entouraient, tirait sa subsistance de la culture de la terre et de la traite des fourrures. Il y avait six ou sept ans seulement que les Français étaient de retour à Québec, après l'occupation anglaise; on manquait encore du nécessaire et, certainement, personne n'eût pensé à réclamer un hôpital pour les Blancs — qu'on eût été du reste bien incapable de soutenir. N'avait-on pas des chirurgiens[2] qui soignaient les malades à peu de frais et à la satisfaction générale?

Pourtant, les Annales de l'Hôtel-Dieu de Québec affirment qu'"Il y avoit [en 1639] plusieurs années que l'on souhaitoit un hôpital en Canada"[3]. Pieuse exagération de la soeur Juchereau de Saint-Ignace, soucieuse de justifier une fondation prématurée? Non pas, puisque, dès 1634, le jésuite Paul Le Jeune avait en effet souhaité un tel établissement: "s'il y avoit icy un Hospital, il y auroit tous les malades du pays, & tous les vieillards"[4] — mais c'est d'un "Hospital de Sauvages"[5] qu'il rêvait. Cette précision, qui n'a rien de jésuitique, nous met tous d'accord, le père, l'annaliste et moi, et justifie du même coup le titre que j'ai donné à cet article.

*   *   *

---

1. Voir, dans Dict. général., I, 617, la carte de Jean Bourdon, de 1641.
2. "A cette époque, il existait une différence essentielle entre la médecine et la chirurgie: la formation du chirurgien était beaucoup plus sommaire que celle du médecin." Guy Frégault, Civilisation de la Nouvelle-France (Montréal, 1944), 221.
3. Dom Albert Jamet, édit., Les Annales de l'Hôtel-Dieu de Québec, 1636-1716 (Québec, 1939), 7.
4. JR, VI, 144.
5. JR, XXIV, 158.

La région de Québec était habitée par les Montagnais;
un peu au-delà, vers l'Ouest, s'étendait le territoire des
Algonquins. Ces Indiens parlaient sensiblement la même langue
et vivaient uniquement de la chasse, de la pêche et de la cueil-
lette des fruits sauvages. À chaque hiver, ils se dispersaient
dans la forêt, par familles de dix à douze personnes, à la poursuite du gibier, — et de l'orignal en particulier. Le soir, ils
dressaient les tentes d'écorce et, au petit matin, se remettaient
en marche, — chaque jour, interminablement. Au printemps, tirant
derrière eux leurs grandes traînes, ils se regroupaient à Québec
pour troquer leurs fourrures contre des marchandises françaises.
Les hautes neiges revenues et les vivres épuisés, ils s'enfon-
çaient de nouveau dans les bois, raquettes aux pieds, comme
l'avaient toujours fait, avant eux, leurs ancêtres.

La vie de ces nomades tenait essentiellement, au cours
de leurs grandes chasses, à la mobilité de chaque groupe, comme
aussi à une rigoureuse répartition des tâches entre les individus
qui le composaient. Qu'un accident les arrêtât quelques jours,
et c'était la catastrophe; de même, toute charge et tout être
inutiles mettaient en péril l'existence de la bande. Malades,
impotents, vieillards, s'ils devaient ralentir la troupe, étaient
abandonnés à leur sort ou, par une sorte de compassion barbare,
tués d'un coup de hache[6]. La mort des faibles était la condition
indispensable de la survie des forts.

On comprend maintenant l'impatience du père Le Jeune de
voir se fonder un hôpital où ces vieillards et ces malades, accueillis, soignés et entretenus, seraient dans le même temps instruits
des vérités de la religion. L'annaliste de l'Hôtel-Dieu tenait à
peu près le même langage, en écrivant que l'institution était destinée moins aux Français qu'aux Indiens, "sujets à de grandes
maladies, et qui n'avoient aucun moyen d'addoucir la misere dont
ils êtoient accablez surtout dans leur extreme vieillesse"[7].

---

6. JR, V, 102, 140-142, XX, 238, XXIII, 314-316, XXV, 120-122; Jamet, édit.,
   op. cit., 7s., 25.
7. Ibid., 7.

L'appel lancé en 1635 par le père Le Jeune, en faveur de cette fondation[8], fut entendu par la riche Mme de Combalet, nièce de Richelieu et future duchesse d'Aiguillon, qui, à son tour, la conçut comme une entreprise missionnaire vouée à la conversion et au salut des Indiens[9]. Elle désirait vivement que l'hôpital, doté par elle et dédié au Précieux Sang du Fils de Dieu, "répandu pour faire miséricorde à tous les hommes", s'installât au coeur de la réduction de Sillery[10], créée en 1637. On lui persuada de l'établir à Québec, — ce qui n'empêcha pas les premières hospitalières de considérer le salut éternel des Indiens comme le seul "bien" pour lequel elles venaient "en ce nouveau monde"[11].

*   *   *

À leur arrivée à Québec, le 1er août 1639, les trois hospitalières, sous la conduite de la mère Marie Guenet de Saint-Ignace, se virent offrir pour logement la propre maison des Cent-Associés, terminée depuis peu et située en face du fort Saint-Louis. Elles s'y installèrent, en attendant l'achèvement du bâtiment qu'on construisait pour elles sur l'emplacement de l'Hôtel-Dieu actuel, au coteau Sainte-Geneviève. Mais, ayant examiné ces lieux escarpés et visité le chantier, elles décidèrent de renoncer à cette résidence, mal conçue pour les fins auxquelles on la destinait et surtout très difficile à approvisionner en eau. Les travaux furent interrompus, pendant que, chez les Cent-Associés, elles recevaient leurs premiers patients indiens, tout en se mettant à l'étude de l'algonquin sous la direction du père Le Jeune. À l'automne, elles furent débordées: une épidémie de petite vérole ayant éclaté parmi les indigènes, elles durent, devant l'affluence des malades, aménager dans la cour de leur maison des cabanes à la mode algonquine. L'épidémie ne céda qu'à la fin de février, après qu'elles-mêmes eurent été contraintes de s'aliter. "La consolation que nous eûmes parmy tant de miseres et de travaux", écrit l'annaliste, "c'est que dans la quantité de Sauvages que nous assistâmes, il n'en mourut aucun sans baptême"[12].

---

8. JR, VII, 256-260.
9. Jamet, édit., op. cit., XX.
10. Ibid., XX, 9, 26; JR, XX, 232.
11. JR, XXIV, 158; Jamet, édit., op. cit., 12.
12. Jamet, édit., op. cit., 24 et passim.

Institution essentiellement missionnaire, l'Hôtel-Dieu de Québec — qu'on appelait encore l'hospital — allait se rapprocher de sa clientèle indigène. Les Indiens, au cours de ce premier hiver, avaient représenté aux religieuses que l'hôpital, situé à une lieue et demie de Sillery, était difficile d'accès, tant en été parce qu'il était éloigné de la rive, qu'en hiver à cause de l'âpreté des chemins, si bien qu'on attendait, pour les transporter sur le promontoire de Québec, que les malades fussent à l'extrémité, et que beaucoup mouraient avant d'y arriver. Conformément au désir des Indiens et au voeu le plus cher de la duchesse d'Aiguillon, qui venait de doubler, pour ce sujet, le montant de la fondation, portée à quelque 40 000 livres, les hospitalières décidèrent de s'établir à Sillery. L'incendie de la résidence des jésuites et de l'église paroissiale de Québec, survenu le 14 juin 1640, en forçant les religieux à occuper une partie de l'hôpital, vint précipiter les préparatifs du déménagement. Le 9 juin, on avait posé la première pierre du bâtiment de Sillery; à la fin d'août, les religieuses s'installèrent dans la maison de M. de Puiseaux, à Saint-Michel, pendant la construction de leur résidence, dans laquelle elles emménagèrent — bien qu'elle fût "fort peu avancée" — le 1er décembre 1640.[13]

Au printemps de 1641, la menace iroquoise commença à planer sur la bourgade de Sillery. Les Indiens, Montagnais et Algonquins, vinrent alors "placer leurs cabanes tout proche de nôtre maison, qui leur sembloit plus forte que celle des Peres Jesuites, écrit l'annaliste; aussy est-elle plus grande et toute de pierre"[14]. À l'intention de ces réfugiés, les hospitalières firent élever un grand enclos de pieux, mais à l'intérieur de la clôture conventuelle, de façon à pouvoir les assister commodément, les nourrissant et les entretenant chaque fois que cela était nécessaire[15], gardant et soignant, pendant les grandes chasses d'hiver, les infirmes, les vieillards et les enfants[16], et enseignant les petites Indiennes trop éloignées de Québec pour fréquenter le couvent des ursulines[17]. Elles convertirent un bon

---

13. Ibid., 25-30; JR, XX, 234-236.
14. Jamet, édit., op. cit., 33.
15. Loc. cit.; JR, XX, 240, XXIV, 194.
16. JR, XXIII, 314-316.
17. Ibid., 310-312, XXV, 220.

nombre de ces païens de tous âges[18]. Les Français, toujours
bienvenus à l'hôpital, n'y allaient guère pour s'y faire soi-
gner[19]; cependant, le 21 novembre 1641, les religieuses commencèrent à recevoir des pensionnaires blanches, les premières
étant "les deux petites filles de Mr [Robert] Giffard qui êtoit
fort de nos amis et [i.e. de même que] Madame son épouse."[20]
Le soin des pensionnaires venait alourdir la tâche de ces héroïques religieuses — elles étaient quatre alors — qui, en 1642
seulement, avaient "assisté [...] jusqu'à 300" Indiens "malades
et infirmes"[21].

Cependant, l'ombre terrifiante des Iroquois s'allon-
geait de plus en plus sur Sillery: déjà ces cruels s'étaient
manifestés à Cap-Rouge[22], une lieue au-dessus de la réduction.
Le gouverneur, les jésuites et les notables, tremblant pour la
vie des hospitalières, tinrent conseil et décidèrent de les
ramener à Québec[23] où, dès 1643, on avait repris les travaux
sur le chantier abandonné en 1639, avec l'intention d'y transporter l'hôpital indien "s'il surv[enait] quelque accident", ou
d'y ouvrir un hôpital séparé pour les Blancs, si ces derniers
"se multipli[aient] davantage"[24]. Les religieuses refusèrent
de s'éloigner des Indiens, quel que pût être le danger; le gouverneur leur céda, mais plaça à l'hôpital une garnison de six
hommes[25].

Les buissons de Sillery cachaient maintenant des têtes
hideuses, peintes aux couleurs de la guerre et attentives aux
moindres mouvements des éventuelles victimes. Pris de panique,
Montagnais et Algonquins décampèrent en hâte, les uns pour se
mettre sous la protection du fort de Québec, les autres pour se
perdre dans la profondeur des forêts. Abandonnées, les

---

18. Jamet, édit., op. cit., 33.
19. JR, XX, 238, XXIII, 68.
20. Jamet, édit., op. cit., 35.
21. Ibid., 41.
22. Ibid., 47s.
23. Ibid., 48; JR, XXV, 19s.
24. JR, XXIV, 148.
25. Jamet, édit., op. cit., 48.

religieuses quittèrent leur hôpital le 29 mai 1644[26] pour s'aller
loger à Québec, dans la masure qu'avaient habitée les ursulines
en 1639-1640[27]; puis, au cours de l'été, elles emménagèrent dans
le bâtiment inachevé du coteau Sainte-Geneviève, où elles sont
encore[28]. De nouveau, les Indiens vinrent cabaner dans leur
cour, à l'intérieur d'un enclos de pieux, comme à Sillery[29].
L'action missionnaire des hospitalières se poursuivait.

*   *   *

Pendant longtemps, en effet, elles devaient justifier
les espoirs du père Le Jeune, qui, vers 1635, voyait en elles
les auxiliaires indispensables des missionnaires jésuites. En
1647, — il y avait huit ans que l'hôpital était fondé, — le
père Jérôme Lalemant n'écrivait-il pas qu'aucun Indien encore
n'y était mort sans baptême[30]? Après les Montagnais et les
Algonquins, dont il s'agissait alors, vint le tour des Hurons
réfugiés à Québec et, à l'occasion, des Iroquois de passage.
Tous étaient accueillis avec la même charité, le même dévouement,
le même zèle apostolique.

La colonie évoluait cependant, et, avec elle, l'Hôtel-
Dieu: les Indiens s'éloignèrent graduellement, et la population
française augmenta. D'"Hospital de Sauvages", l'institution prit
figure d'"Hospital de Français", tout en continuant de rendre des
services éminents, — de même que l'Hôpital Général de Québec,
auquel elle donna naissance en 1692.

---

26. Ibid., 49; JR, XXV, 192.
27. Jamet, édit., op. cit., 49s.
28. Ibid., 50-52.
29. Ibid., 53.
30. JR, XXXI, 158-160.

IX

La vocation canadienne de Catherine de Saint-Augustin

À la supérieure des Hospitalières de Bayeux qui la pressait de retourner en France, où le climat serait plus favorable à sa santé et où elle serait très utile à son ancien monastère, Catherine de Saint-Augustin répondit qu'elle était "attachée à la croix du Canada par trois cloux": la volonté de Dieu, le salut des âmes et sa "vocation en ce païs". Si jamais ses compagnes devaient quitter la colonie, et pourvu qu'on le lui permît, "elle demeureroit seule en Canada pour y consommer sa vie au service des pauvres Sauvages et des malades du païs". (p. 48)[1]

*   *   *

Sa "chère vocation de Canada" (p. 45) s'était, chez Catherine, très tôt éveillée. Elle en avait eu, semble-t-il, un premier pressentiment à l'âge de douze ou treize ans; depuis peu novice à Bayeux, elle affirmait déjà, avec la détermination qui l'a toujours caractérisée, qu'elle "ne sortiroit point" de ce couvent, "sinon pour aller en Canada" (p. 31).

Or, voici que les hospitalières de Québec demandèrent en France le secours de quelques religieuses et qu'on s'adressa à cette fin au monastère de Bayeux. Catherine se porta volontaire, sans hésiter. Elle n'avait pas encore seize ans. Autour d'elle, on tenta de la dissuader, et son père s'opposa fermement à son départ. Elle fit alors le voeu "de vivre et de mourir en Canada, si Dieu luy en ouvroit la porte" (p. 36). Bientôt son père se ravisa, et les autorités tant du monastère que du diocèse se rendirent aux "raisons et [aux] motifs de sa vocation" (p. 37).

---

1. Paul Ragueneau, s.j., <u>La vie de la Mère Catherine de Saint Augustin</u>, religieuse hospitalière de la Misericorde de Quebec en la Nouvelle-France, Paris, Chez Florentin Lambert, 1671; je cite la réédition de Québec (1923).

Catherine partit donc pour le Canada, qu'elle regardait "comme le lieu où Jésus-Christ l'appelloit" (p. 38). Ce sont, écrit le père Ragueneau, qui fut son directeur avant d'être son biographe, "les grands desirs qu'elle avoit de souffrir, pour l'amour de Dieu et le salut des ames, tout ce qui pourroit se presenter à son courage et à son zele" qui expliquent sa résolution (p. 35). Et si "elle a tant desiré le Canada", au dire de sa première supérieure, c'est aussi par "un desir ardent de se faire une grande sainte" (p. 213).

Au vrai, le Canada de 1648 offrait de quoi exercer les vertus les plus héroïques. On était en pleine guerre iroquoise, et Québec même paraissait menacé. En 1651, l'incertitude était si grande que l'on suspendit les travaux de construction de l'Hôtel-Dieu (p. 44). Et l'on manquait de tant de choses en ce pays isolé, et le climat était si rude! "Si j'étois venue en Canada pour y chercher et trouver ma satisfaction dans la creature, écrit Catherine, j'avoue que j'aurois été trompée". Et elle ajoute que les religieuses "qui y viendront dans la veue de Dieu seul auront tout sujet d'y étre contentes" (p. 199). À plusieurs reprises, elle parle, dans ses lettres, de sa "sainte vocation" (p. 201), qui est d'être exilée "en ce cher païs", "pour l'amour de l'Amour même" (p. 61).

Elle ne manque ni de jugement ni de sens pratique, cette petite moniale si vive et si admirablement équilibrée qui, en sa courte vie, — elle meurt à 36 ans, — aura été dépositaire (administratrice) de sa communauté, hospitalière (directrice de l'hôpital), maîtresse des novices et discrète (membre du conseil de la supérieure). Voyez ce qu'elle écrit à un religieux de France: "On vous demande pour l'an prochain un nouveau secours de Bayeux, quelques filles [religieuses] choisies. Je vous prie au nom de Dieu, mon cher Père, de bien éprouver leur vocation, et n'en envoyez pas qui n'ayent un desir extrême d'y venir; car un desir médiocre n'est pas assez." (p. 45)

Catherine était donc venue au Canada comme dans un lieu de dépassement, — ce qu'en effet il était en ce temps-là, — où les "croix" étaient plus nombreuses qu'en France, et plus crucifiantes, si j'ose dire; elle y était venue dans la seule pensée d'y souffrir par amour pour Dieu et pour le salut des âmes, et de se sanctifier au service des Indiens et des colons.

*   *   *

En dépit de la sincérité et de la constance exemplaire de ses aspirations apostoliques, en dépit même d'un dévouement et d'une générosité qui jamais ne se démentissaient, Catherine fut violemment tentée, pendant huit ans, de retourner en France. Cette "vehemente" tentation la frappa soudain, comme un "coup de foudre", le 10 octobre 1652 (p. 60). Les faits eux-mêmes: l'état de sa santé, le péril iroquois, les invitations de ses consoeurs de Bayeux, l'usage qu'on y prétendait faire de ses talents, tout concourait pour l'inciter à rentrer en France, et même pour lui donner l'illusion que tel était son devoir.

Ces invitations, aux apparences si raisonnables, à l'infidélité, pas un instant Catherine ne cessa de les repousser. Le 18 octobre 1654, "la tentation ayant déja duré deux ans et se fortifiant toujours de plus en plus", Catherine fit par écrit le voeu "de perpetuelle stabilité en ce païs" (p. 60). Si elle ne fut pas libérée de la torturante obsession, du moins était-elle assurée, avec la grâce de Dieu, de ne pas trahir sa vocation: "Ne doutez pas s'il vous plait, écrivait-elle en 1659, de ma stabilité en ce païs. Il faut être fidelle à Dieu jusqu'à la fin." Et elle concluait par cette affirmation sans équivoque: "C'est une chose constante que je ne quitteray jamais, à moins que tout le monde ne quitte" (p. 47).

C'est cette fidélité et cette constance qu'il faut admirer chez Catherine de Saint-Augustin, bien plus que le fait même de sa vocation apostolique au Canada. À l'époque de la Nouvelle-France comme à toute autre, en effet, le Maître a su trouver les ouvriers dont il avait besoin. Mais entre tous, peut-être, Catherine s'est distinguée chez nous par la promptitude de sa réponse, par son total renoncement à elle-même, et par son ardente charité. À ces vertus, qu'elle porta à un degré d'héroïsme peu commun, correspondit une tentation d'une durée et d'une violence également peu communes, comme il arrive dans la vie des saints que Dieu prépare en vue de quelque mission particulière.

*   *   *

Au témoignage du père Ragueneau, Catherine "avoit un coeur tendre et compassif pour tout autre que pour elle-même, et une charité officieuse et si prévenante qu'elle eût pris volontiers sur soy, et qu'elle prenoit effectivement les miseres et les maux des autres, sans jamais se rassasier de peines." (p. 46) C'est à sa générosité justement, à cette propension à se charger des maux des autres pour les en soulager, que le Seigneur allait faire appel en donnant à Catherine sa mission personnelle en notre pays, — sa véritable vocation: être "la victime des pechez d'autruy" (p. 145).

La mission de Catherine était extraordinaire, les voies de Dieu sur elle le furent à proportion. Nul ne s'en surprendra, s'il est un peu familier avec les lois qui président à la montée des âmes d'élite vers Dieu. Au reste, les phénomènes qui abondent dans la vie de Catherine sont si bien attestés, son comportement fut toujours si parfaitement normal, et tout en elle parut si constamment orienté vers Dieu seul, qu'on doit reconnaître l'authenticité des merveilles qui entourèrent la révélation et l'accomplissement de sa mission particulière.

À Catherine, le Seigneur allait donner "un Directeur choisi dans le Paradis" (p. 113), de qui elle apprendrait le rôle qui serait désormais le sien. "Le 25 Septembre 1662, après la Communion, écrit-elle, je pensay avoir veu devant moy le R.P. de Brebeuf tout brillant de lumière" (p. 115). Missionnaire en Huronie, le père de Brébeuf avait été mis à mort par les Iroquois en 1649. Le père, pourtant dans l'"état de gloire", lui parut "comme triste". Il expliqua que "sa peine étoit de voir qu'un païs pour lequel il avoit tant travaillé, et où il avoit donné son sang, fût maintenant une terre d'abomination et d'impiété", et demanda l'aide de Catherine: "Soeur de saint Augustin! nous porterez-vous compassion? Aidez-nous je vous en prie." (p. 115)

À cet appel, Catherine répondit en s'abandonnant "à la Justice divine, comme une victime publique pour les pechez d'autruy" (p. 145). Puis, le 5 février 1663, elle eut "comme une asseurance infaillible que Dieu étoit prêt de punir le païs, pour les pechez qui s'y commettoient, surtout pour le mepris qu'on faisoit de l'Eglise." Dieu, lui sembla-t-il, "étoit

beaucoup irrité". (p. 146) Peu à peu les attentes du ciel se
précisaient. Le 27 février, enfin, le père de Brébeuf "me fit
entendre, écrit-elle, que Dieu se vouloit servir de luy, pour
proteger le païs; et que ceux qui auroient recours à luy en res-
sentiroient un puissant secours." (p. 117) — En somme,
Catherine avait été choisie pour travailler au bien du pays avec
le père de Brébeuf, et c'est pourquoi ce dernier lui avait été
donné pour être son "directeur".

Par la suite, Catherine fut exacte à jouer son rôle,
cherchant à détourner sur elle "l'ire de Dieu" (p. 153), afin
d'en protéger le pays, s'efforçant d'apaiser la colère de Jésus-
Christ (p. 154) et s'adressant pour cet effet "à la sainte
Vierge et aux Saints que je croyois avoir plus de pente à aider
ce païs", écrit-elle (p. 155). Avec quel héroïsme n'assume-t-
elle pas sa vocation! Il faut, en quelque sorte, la voir à
l'oeuvre:

> J'ay veu encore apres cette même fiolle [remplie de l'ire
> de Dieu] toute levée et préte à se répandre; j'en conceus
> les mémes sentimens qu'auparavant, et priay moy-même le
> Juge d'avoir encore patience. Il n'en vouloit rien faire:
> mais je conjuray la sainte Vierge, saint Joseph, le Pere
> de Brebeuf, et l'Ange Tutelaire de ces contrées, de rete-
> nir le bras de Nôtre Seigneur. Ils le firent; mais pour-
> tant il demeura la main levée, et tout prest à verser.
> Je souhaittois pour lors être le but et le sujet de sa
> colere, et m'offrois pour être la victime de sa divine
> Justice. Il semble que le Pere de Brebeuf souhaitte
> cela de moy; et depuis il a voulu que je m'y sois offerte,
> avec un aggréement de tous les évenemens sortables à cette
> qualité de Victime de l'ire de Dieu. (p. 154)

L'"aggréement de tous les évenemens sortables à cette
qualité de Victime de l'ire de Dieu", cela signifie — et l'aveu,
notons-le, est de Catherine elle-même — qu'il se produisit comme
une vaste conjuration pour la faire souffrir: conjuration du
ciel (p. 164), de la terre (p. 151) et des enfers (p. 160), à
laquelle Ragueneau a consacré toute une partie de son livre,
qu'il a intitulée: "Sa vie souffrante". Il serait trop long,
et hors de mon propos, d'entrer dans le détail des véritables
tortures qu'elle a parfois endurées: il suffit de savoir que

jamais elle n'a crié grâce; bien au contraire, elle souffrait,
pour rappeler l'expression même de Ragueneau, "sans jamais se
rassasier de peines" (p. 46).

*   *   *

Le 8 mai 1668, Catherine mourut. Sa mission sur la
terre était terminée, mais sa vocation canadienne se poursuivait
dans l'au-delà. Mgr de Laval en était persuadé. Le 8 novembre
1670, il écrivait, parlant de Catherine de Saint-Augustin:

> J'ay une tres particuliere confiance pour le bien de
> cette nouvelle Eglise, au pouvoir qu'elle a aupres de
> Notre Seigneur et de sa tres-sainte Mere: car si elle
> nous a secouru si puissamment pendant le temps qu'elle
> a été parmy nous, que ne fera-t-elle pas maintenant,
> qu'elle connoit avec plus de lumiere les besoins, soit
> du Pasteur, soit des Oüailles? (p. 227)

X

Marie de l'Incarnation

Marie Guyart naquit à Tours, en France, le 28 octobre 1599. Fille d'un maître boulanger, elle appartenait à un milieu de maîtres artisans — nous dirions aujourd'hui de petits industriels et de commerçants. Elle fut élevée pieusement et songea un moment au cloître. Mais on la maria à Claude Martin, un maître ouvrier en soie, qui mourut deux ans plus tard en lui laissant un fils de six mois. Marie avait tout juste vingt ans. Elle pensa de nouveau à se faire religieuse, et bientôt sa résolution fut prise.

Pour lors elle se consacra à la succession fort embarrassée de son mari, qu'elle régla avec bonheur. Puis elle alla vivre chez sa soeur, qui avait épousé un marchand-voiturier. En 1645, Marie prit la direction de l'entreprise considérable de son beau-frère, montrant encore une fois ses remarquables qualités de femme d'affaires de même que sa parfaite adaptation à son milieu.

En 1631, confiant son fils Claude à des mains amies, Marie entra chez les Ursulines de Tours. Elle y prononça ses voeux en 1633. En 1635, elle prenait conscience de sa vocation missionnaire et, le 1er août 1639, après une traversée de trois mois, elle débarquait à Québec. Elle allait avoir quarante ans.

*   *   *

À Québec, Marie de l'Incarnation fut essentiellement une missionnaire, une fondatrice doublée d'une femme d'affaires et une grande mystique.

Missionnaire, Marie le fut pleinement, non seulement parce qu'elle catéchisait, dans son couvent, les petites Indiennes qu'on voulait bien lui confier, mais aussi parce qu'elle prenait une part active, par ses conseils et par ses prières, à l'oeuvre apostolique des jésuites. Elle recevait elle-même et nourrissait les Indiens — les nouveaux chrétiens surtout, dont elle aimait à parler dans ses lettres. Non contente d'enseigner les langues indigènes à ses soeurs, elle rédigea des dictionnaires et un catéchisme dans les langues du pays. À plus de quarante ans, et sans sortir de son monastère, Marie avait appris, au point de les maîtriser, l'algonquin, le huron et l'iroquois.

Elle fut aussi une fondatrice avisée et une femme d'affaires. En plus de donner à sa jeune communauté ses constitutions et ses règles, préparées avec la collaboration du père Jérôme Lalemant, elle établit matériellement les ursulines à Québec, y construisant, malgré le peu de ressources dont elle disposait, un vaste couvent de trois étages terminé en 1642. Ce bâtiment fut détruit par un incendie en décembre 1650. Marie le reconstruisit, plus grand encore. Habile administratrice, elle fit des miracles d'ingéniosité pour maintenir et faire progresser sa communauté, pour continuer de nourrir les Indiens qui se présentaient à elle en grand nombre, et pour secourir les colons nécessiteux. Jamais peut-être fit-on autant avec si peu de moyens.

Cette femme réaliste, efficace, rompue aux affaires, fut aussi — le croirait-on? — une des plus grandes mystiques de tous les temps, qu'on a comparée avec raison à la grande sainte Thérèse d'Avila. Au milieu même de ses travaux, Marie était en relation continuelle avec Dieu, et elle eut avec la Trinité des communications toutes particulières, dont elle a fait part dans des relations admirables rédigées à la demande de ses directeurs spirituels. Peu d'humains ont joui d'une telle familiarité avec les trois Personnes divines. À tous les égards, Marie fut, dans l'ordre surnaturel, un être privilégié.

*   *   *

La plupart des personnages du passé ne seraient plus, de nos jours, que des figures anachroniques. Tel n'est pas le cas pour Marie de l'Incarnation, qui nous apparaît très moderne, et qui vivrait à l'aise dans notre monde.

Marie, tout d'abord, a pratiqué une religion d'amour plutôt que de crainte, portant à un haut degré cette sorte de relation amoureuse entre Dieu et sa créature que s'efforce justement d'inculquer la catéchèse d'aujourd'hui. Chez elle, nulle crainte de Dieu, parce que Dieu est essentiellement Amour, et que la créature doit répondre à l'Amour par l'amour. Or l'amour est source de confiance, de fidélité, de générosité, de désintéressement. C'est tout le fondement de sa religion — une religion toute actuelle, on le voit.

En communion constante avec Dieu, Marie n'était pourtant pas bigote. Elle l'était si peu et faisait si bonne figure au monde que ses parents ne soupçonnèrent pas sa vocation religieuse et la marièrent. Elle était, en effet, vive et enjouée, aimant la compagnie et ne dédaignant pas, dans sa jeunesse, de lire des romans. Rien d'étroit ni de compassé dans sa religion: elle aimait Dieu comme elle respirait, et d'un amour si authentique qu'il n'avait rien de gênant.

Marie savait même être contestataire — à l'occasion! Rédigeant les constitutions et les règles des ursulines, elle résistait au père Lalemant, qui y travaillait avec elle, quand elle n'était pas d'accord. Plus tard, Mgr de Laval voulut modifier ces mêmes constitutions: Marie refusa, écrivant même qu'elle s'y opposerait jusqu'à la limite de l'obéissance.

Femme virile s'il en fut — au sens du moins où Thérèse d'Avila l'entendait quand elle disait à ses religieuses: "Mes soeurs, soyez des hommes!" — Marie de l'Incarnation resta toujours très humaine et d'une exquise féminité. Chez elle, le coeur, l'amitié, l'amour maternel avaient gardé leur juste place. Elle eut de grandes amies, Mère Saint-Joseph et Mme de La Peltrie entre autres, et elle n'oublia jamais son fils Claude, devenu moine bénédictin. Lisez ce qu'un jour elle lui écrivait[1]: "Vous me dites que vous n'avez vu personne qui m'ait parlé, depuis que je suis dans ce pays. J'ai fait venir [un] honnête jeune homme qui va s'embarquer [pour la France], et j'ai levé mon voile devant lui. Il vous dira qu'il m'a vue et qu'il m'a parlé."

Voilà bien Marie Guyart de l'Incarnation, cette femme équilibrée — la sainte de l'équilibre — dont notre temps aurait grand besoin*.

---

1. Il faut se rappeler, pour comprendre ce passage, que les ursulines avaient le visage voilé.

* Voir la biographie de Marie de l'Incarnation que j'ai publiée dans Encyclopaedia Universalis, VIII (Paris, 1970), 180.

Les ursulines et l'hiver

Qui dira jamais jusqu'où les ursulines, installées à Québec dès 1639, poussèrent l'héroïsme dans l'accomplissement de leur mission apostolique? Elles-mêmes se sont montrées si discrètes qu'on a souvent beaucoup de mal à entrevoir la réalité. Elles parlent, à l'occasion, de leurs "croix", mais pour affirmer aussitôt qu'elles sont douces, aimables, désirables. Marie de l'Incarnation, pour sa part, écrit, le 4 septembre 1640, que le Canada est "un Paradis terrestre où les croix et les épines naissent si amoureusement que plus on en est piquée, plus le coeur est rempli de douceur."[1]

Ces croix et ces épines, quelles sont-elles donc? Les épreuves inévitables de la vie: maladies, accidents, décès; mais aussi, en Nouvelle-France, les incommodités du climat, l'isolement, l'insécurité, l'angoisse. On peut lire la correspondance de Marie de l'Incarnation et ne deviner qu'à demi les souffrances quotidiennes de sa communauté, d'une part parce que la grande ursuline est heureuse de s'immoler pour son Dieu, et d'autre part parce qu'elle ne veut pas alarmer ses correspondants ni paraître une martyre à leurs yeux. Ainsi, le 4 septembre 1640, déclare-t-elle avoir "passé cet hiver aussi doucement qu'en France"[2].

En 1639-1640, pourtant, les ursulines habitaient une masure que Marie avait ainsi décrite: "Pour tout logement, nous n'avons que deux petites chambres qui nous servent de Cuisine, de Réfectoir, de Retraite, de Classe, de Parloir, de Choeur." Cette maison est "si pauvre que nous voions par le plancher reluire les estoiles durant la nuit et qu'à peine y peut-on tenir une chandelle allumée à cause du vent."[3] Est-il possible, dans une telle cabane, de passer doucement l'hiver, quand, une fois au moins, on a connu un froid si intense que le serviteur de

---

1. Marie de l'Incarnation (Oury), 110.
2. Ibid., 109.
3. Ibid., 98.

M. de Puiseaux "qui traversoit un chemin en mourut"[4]? Peu portée à s'apitoyer sur elle-même, Marie a pieusement exagéré les
aménités, pour elle et ses compagnes, d'un climat pourtant bien
cruel aux autres.

Même après avoir quitté ce taudis, qu'elles-mêmes com-
paraient à l'étable de Bethléem, les ursulines continuèrent de
subir les rigueurs du froid. Les nuits, surtout, étaient pénibles. Le 30 décembre 1650, lors de l'incendie du premier monastère, les religieuses durent fuir en hâte, la plupart pieds nus:
les jésuites donnèrent "des chaussures à toutes celles qui n'en
avaient point: car de nous toutes, il n'y en avait que trois
qui en eussent, parce qu'elles s'étaient ainsi couchées le soir
pour mieux résister au froid."[5]

Le bâtiment détruit en 1650 comportait bien quatre cheminées (foyers), — qui dévoraient 175 cordes de bois par hiver, —
mais, comme il arrivait toujours pour ces feux ouverts, ou les
cheminées créaient entre elles un courant d'air glacial et enfumé,
ou la chaleur était aspirée par le large tuyau béant au-dessus du
feu et allait chauffer le temps plutôt que l'intérieur du monastère.

De chaleur, ni peu ni prou — ou bien, comme dit Marie,
"on se chauffe d'un costé et de l'autre, on meurt de froid"[6]. Les
cellules étant éloignées des cheminées, il était impossible d'y
écrire, parce que l'encre gelait dans l'encrier; c'eût été, de
toute façon, avoue Marie de l'Incarnation, "un grand excez d'y
demeurer une heure, encore [eût-il fallu] avoir les mains cachées
et être bien couvert."[7] Aussi les religieuses y dormaient-elles
dans des espèces de coffres, "couches" de bois, "qui se ferment
comme une ormoire; quoy qu'on les double de couvertes ou de
serge, ajoutait l'ursuline, à peine y peut-on eschauffer."[8]

---

4. Ibid., 119.
5. Les Ursulines de Québec depuis leur établissement jusqu'à nos jours, I
   (Québec, 1878), 158.
6. Marie de l'Incarnation (Oury), 220.
7. Loc. cit.
8. Loc. cit.

Ces femmes admirables avaient, il est vrai, des déli-
catesses de langage peu communes pour exprimer — ou pour
cacher? — leurs souffrances. Parlant au nom de sa communauté,
Marie de l'Incarnation écrivait en toute sérénité: "nous res-
sentons tous les jours les effets de l'amoureuse providence de
Dieu en notre endroit."[9]

---

9. Ibid., 109.

L'esprit de pauvreté de François de Laval

Descendant de deux des plus illustres familles de France, les Laval et les Montmorency, fils d'un seigneur du Thimerais, à la jonction de la Beauce et du Perche, doué des plus belles qualités intellectuelles et morales, François de Laval aurait pu jouer en son pays un rôle de premier plan. Or, il commence par renoncer aux brillantes perspectives d'une carrière dans le monde, en se destinant très tôt au sacerdoce. Mais sa décision de devenir prêtre est soumise à rude épreuve, alors qu'il est étudiant en théologie. À la suite de la mort de son père et de ses deux frères aînés, il hérite, en 1645, des seigneuries familiales. Sa mère, secondée par son oncle, l'évêque d'Évreux, le supplie alors de quitter l'état ecclésiastique, de se marier et de soutenir l'honneur de sa maison. Inébranlable, François va mettre ordre aux affaires de sa famille, puis, très bientôt, reprend ses études de théologie. En 1647, il est ordonné prêtre.

Dès 1648, — il n'a que vingt-cinq ans, — François de Laval accède à un poste très élevé, celui d'archidiacre: intime collaborateur de l'évêque d'Évreux, il a autorité sur les curés des cent cinquante-cinq paroisses du diocèse, qu'il doit visiter régulièrement pour s'assurer que tout s'y passe dans l'ordre et la décence. Pressenti puis officiellement choisi en 1653 pour devenir vicaire apostolique au Tonkin, François voit pourtant ses espoirs déçus: il restera en France pour le moment, mais pour s'y préparer à ce que Dieu attend de lui.

Plus que jamais, en effet, François veut suivre le Christ; malgré l'échec du projet de mission au Tonkin, il rêve désormais de partir, comme autrefois les disciples, à la conquête des âmes en pays lointain. Or, il y a dans saint Luc (XIII, 33) une parole de Jésus que François n'ignore pas: "Quiconque parmi vous ne renonce pas à tout ce qu'il possède ne peut être mon disciple." Renoncer à tout, sauf au Christ, voilà l'invitation. N'est-ce pas ce qu'a fait Vincent de Paul, que François a connu à Paris, et qui, sans rien posséder, a néanmoins distribué des millions en oeuvres charitables? Et les

disciples, partis "sans bourse, ni besace, ni chaussures", ont-
ils "manqué de quelque chose?" (Luc, XXII, 35) Ne cherchant
donc pas ce qu'il mangera ou boira, mais laissant cela à la
Providence du Père, comme il est dit dans saint Luc (XII, 29,
30), François de Laval opte pour le renoncement sans retour aux
biens de la terre: il donne à un de ses frères cadets le patri-
moine familial, puis il démissionne de sa charge d'archidiacre
d'Évreux sans se prévaloir de la pension à laquelle il a droit.
Tournant le dos aux biens du monde, François renonce également
aux honneurs d'un siège épiscopal en France, auxquels sa naissance illustre et sa dignité d'archidiacre le conduisaient
inévitablement.

À l'épiscopat, François de Laval accédera néanmoins,
mais en pays de mission, où il aura à récolter plus de souffrances
que d'honneurs. Simple vicaire apostolique et le plus pauvre des
évêques, Mgr de Laval passe au Canada en 1659, démuni comme Job
et n'ayant, pour subsister, qu'une très modique pension annuelle.
Arrivé à Québec sans qu'on l'y attende, il n'a même pas où loger.
Pourtant, en trois ans, et comme si la pauvreté vraie attirait la
richesse, il distribue en aumônes 30 000 livres. D'où cet argent
provient-il? Nul ne le sait. Il y a, là-dessous, quelque mira-
cle de la charité.

Arrivé pauvre dans la colonie, Mgr de Laval l'est
resté. On le verra bien au début des années 1670: nommé évêque
en titre de Québec, il devra solliciter de Rome l'expédition gratuite de ses bulles, n'ayant pas les ressources nécessaires pour
assumer les frais de chancellerie. C'est bien cet homme dont
parle Marie de l'Incarnation, qui vivait tout près de lui:
"C'est un autre saint Thomas de Villeneuve pour la charité et
pour l'humilité, écrit-elle, car il se donnerait lui-même pour
cela. Il ne réserve pour sa nécessité que le pire. [...]
C'est bien l'homme [...] le plus austère et le plus détaché des
biens de ce monde. Il donne tout et vit en pauvre, et l'on peut
dire avec vérité qu'il a l'esprit de pauvreté."

Vicaire apostolique (de 1659 à 1674), puis évêque de
Québec (de 1674 à 1688), Mgr de Laval ne cesse de cultiver
l'esprit de pauvreté. S'il a acheté des seigneuries, c'est pour
procurer un revenu au Séminaire de Québec, auquel il les donne

en 1680. En 1688, ayant démissionné comme évêque de Québec,
"Mgr l'Ancien" se retire au Séminaire de Québec, où il vit dans
la plus grande solitude. Il n'a de rapports avec l'extérieur
que pour le soin des pauvres, et par l'intermédiaire de son serviteur et infirmier, le frère Hubert Houssard; il donne, pour
les secourir, tout ce qu'il peut encore posséder. Lui-même vit
plus que jamais dans un extrême dénuement; il ne mange pas le
matin, dîne à peine le midi et ne prend qu'une légère collation
(un bouillon, généralement) le soir.

François de Laval a maintenant atteint, dans sa vieillesse, l'objectif qu'il s'est fixé dans sa jeunesse, de devenir
par le renoncement un vrai disciple du Christ. Dans la colonie,
on le considère comme tel; aussi a-t-il sur la population, au
témoignage du gouverneur Denonville, "un grand ascendant par son
génie et par sa réputation de sainteté".

À partir de 1700, les paroissiens de Québec peuvent le
voir plus souvent à la cathédrale, car il remplace Mgr de Saint-
Vallier, alors en France, qui ne reviendra au pays qu'en 1713.
Pourtant, Mgr de Laval ne modifie guère son régime de vie, pro-
prement héroïque. Levé dès deux heures du matin jusqu'en 1703,
et dès trois heures après cette date, il prie et fait oraison
dans sa chambre, "où il [gèle] très fort toutes les nuits pendant l'hiver", écrit le frère Houssard, n'y "ayant point de
poêle"; à quatre heures, il s'en va "à l'église, sa lanterne à
la main, en ouvrir les portes, sonner sa messe, qui [est] la
première, de quatre heures et demie, pour les travailleurs"; il
reste ensuite au choeur ou à la sacristie, non chauffés, jusqu'à
sept heures. En outre, il assiste à tous les offices de la
cathédrale, pour les rehausser de la présence épiscopale; et
quand il est trop faible ou trop souffrant, il s'y fait porter,
en dépit des objurgations de son médecin et de son entourage.
C'est ainsi que, le Vendredi saint de 1708, il contracte une
engelure au talon, dont il meurt le 6 mai, à l'âge de quatre-
vingt-cinq ans.

Dans un mémoire rédigé peu de temps après la mort du
vieil évêque, un de ses proches collaborateurs (peut-être l'abbé
Glandelet) ne manque pas de rappeler l'esprit de pauvreté de
François de Laval, qui du reste n'était un secret pour personne:

Tout le monde est témoin de la vie pauvre et frugale, éloignée du faste et de l'éclat, que Mgr l'ancien Evêque de Québec a toujours menée dans le Canada, frugalité, pauvreté, éloignement du faste, qui a paru et dans ses repas, et dans ses vêtements, et dans son logement, et dans ses meubles, et dans sa suite, et dans ses voyages, et dans ses courses dans les missions qu'il a faites autant de temps qu'il a pu comme les plus pauvres missionnaires, à pied, en raquettes, la couverte sur le dos, ne trouvant le plus souvent presque rien à manger, couchant dans une grange ou contre le feu sur de la paille, et faisant des trajets de chemin avec des fatigues que ceux qui ont l'expérience de la rigueur des saisons et de leur incommodité dans le Canada comprendront aisément, et qui lui causèrent de grandes incommodités qu'il a portées avec beaucoup de patience jusqu'à la mort.

XIII

Mgr de Laval et la traite de l'eau-de-vie

L'Indien de la Nouvelle-France, qui n'avait jamais connu l'alcool avant l'arrivée des Blancs, ne buvait que pour s'enivrer. Habitué à traduire les phénomènes naturels en termes spirituels, il croyait que, dans l'ivresse, il était possédé par un esprit qui agissait par son bras et parlait par sa bouche. Aussi recherchait-il ardemment cet état d'ébriété qui lui permettait de satisfaire — artificiellement, il est vrai, — quelques-unes de ses aspirations profondes: rivaliser de puissance avec les chamans, et acquérir, en particulier par son éloquence, une autorité qui éclipsât celle de ses chefs.

Cette conception de l'ivresse n'allait pas sans influencer le comportement de l'Indien devant l'eau-de-vie. L'ivresse étant une possession, il la voulait aussi complète que possible: aussi l'Indien ne buvait-il que s'il avait assez de boisson pour s'enivrer, et buvait-il tant qu'il lui en restait une goutte. L'ivresse était glorieuse, et la mort qui survenait pendant son cours était la plus désirable. L'Indien estimait en outre n'être point responsable des actes qu'il pouvait poser quand il était dominé par la force — ou l'esprit — de l'eau-de-vie: libéré de tout sentiment de culpabilité, assuré de l'impunité, il se laissait aller, dans les occasions, aux pires abus.

La gravité et l'étendue des désordres en vinrent à ce point que Mgr de Laval et les jésuites s'élevèrent vigoureusement contre la traite de l'eau-de-vie. L'intempérance des Indiens, affirmaient-ils, non seulement causait leur mort mais ruinait les missions. Pour soustraire leurs ouailles au péril de l'ivrognerie, les jésuites cherchèrent à les regrouper dans des réductions; contre les trafiquants d'alcool, Mgr de Laval prononça les sentences ecclésiastiques les plus sévères.

On voulait empêcher les Indiens de boire à l'excès et les sauver de la déchéance physique et morale, tout en assurant le succès de l'évangélisation. L'eau-de-vie, cependant, n'était qu'un facteur de désintégration culturelle parmi tant d'autres

qu'avait introduits dans la société indienne la civilisation
occidentale. Les vêtements, les vivres, les outils et tous les
produits européens adoptés par les Indiens, voilà autant de
causes dont l'action combinée amena leur dépérissement. Il ne
faut donc point isoler le facteur de l'eau-de-vie, ni en exagé-
rer l'importance, comme on l'a fait au XVIIe siècle. Que l'eau-
de-vie fût la cause unique, ou même première, de l'échec partiel
de l'évangélisation, on n'y souscrira pas non plus, car les
Indiens étaient de toute façon incapables d'adhérer pleinement
et aussi rapidement qu'on le souhaitait à une religion qui allait
trop directement et trop brutalement à l'encontre de leur culture
traditionnelle.

Mgr de Laval et ses contemporains paraissent donc avoir
grossi (involontairement) les méfaits de l'eau-de-vie en lui
attribuant trop exclusivement des accidents et des mécomptes dus
en grande partie à d'autres causes. À vrai dire, on n'avait
point, à cette époque lointaine, les connaissances scientifiques
qui eussent permis d'embrasser la question dans toute son ampleur.
Il reste que, vu leur interprétation du problème de l'eau-de-vie
et les exigences de la morale chrétienne, Mgr de Laval et les
missionnaires étaient tenus de s'opposer — comme, du reste, ils
le firent courageusement — aux trafiquants d'eau-de-vie.

Mais, quoi qu'on imaginât pour le protéger, il était
quasi impossible d'empêcher l'Indien de retomber tôt ou tard
dans l'ivrognerie. Car, à mesure que sa culture se détériorait
au contact de la civilisation occidentale et chrétienne, il
éprouvait davantage le besoin de retrouver, dans l'ivresse, le
climat de sa vie culturelle. Du caractère artificiel de cette
reconstitution, il fut bientôt fort conscient, et développa à
l'égard de l'eau-de-vie comme à l'égard des Blancs une agres-
sivité tenace. Mais le moyen de lutter contre une civilisation
évoluée, dont il se sentait, chaque jour un peu plus, tristement
dépendant?

Les Indiens de la Nouvelle-France illustrèrent ce
principe, reconnu en anthropologie, qu'une civilisation trop
primitive, mise en contact direct avec une civilisation évoluée,
est presque infailliblement détruite.

XIV

À propos du mot "cajeux"

En octobre 1957, monsieur Gaston Dulong, professeur à
l'Université Laval, consacrait quelques pages fort intéressantes
aux mots cage et cageux[1]. Il remontait, dans l'histoire de ces
mots, jusqu'à 1693, année où ils apparaissent côte à côte dans
les comptes du Séminaire de Québec.

Ces deux mots sont plus anciens qu'on ne le croit
généralement. C'est au XVIIe siècle, en effet, qu'ils apparaissent pour la première fois, et l'emploi qu'on en fait laisse
supposer qu'ils sont connus depuis longtemps. Pour ma part, j'ai
trouvé, aux Archives nationales du Québec, un document daté du
30 septembre 1647, dans lequel apparaît, très lisiblement écrit,
le mot cajeux.

Il s'agit d'une requête adressée à "Messieurs du
Con[s]eil estably par sa Majesté pour Les affaires de La nouvelle
france" par "Les habittans des Trois Rivieres stipulés par Mr
Jacques Hertel sindic diceux"[2]. Le huitième paragraphe nous
intéresse particulièrement:

> Quil leur soit donné une chaloupe pendant lesté pour
> s'en servir tant pour le foin, Les Cajeux quautres
> necessités laquelle chaloupe sera mise entre les
> mains d'un habittant pour en prendre le soin ...

On peut hésiter sur le sens de ce texte: comment la
chaloupe pourrait-elle servir aux cajeux, mot qui en Nouvelle-
France a toujours désigné un radeau? Il semble qu'à Trois-
Rivières le foin — et d'autres marchandises aussi, n'en doutons
pas — ait été transporté sur des radeaux, qu'on eût voulu remor-
quer au moyen d'une chaloupe.

---

1. Dans The Journal of the Canadian Linguistic Association/Revue de l'Association canadienne de linguistique, vol. III (octobre 1958), 56-58.
2. ANQ, NF 25, Coll. de pièces jud. et not., 23.

Voilà donc un emploi si ancien du mot <u>cajeux</u> qu'il faut se demander s'il n'aurait pas une origine <u>française</u>. J'incline à le croire, d'autant qu'il fut imprimé dès 1640 dans la <u>Relation des Jésuites</u>, ouvrage destiné au public de la métropole. Le mot eût-il été créé au Canada, on aurait senti le besoin de l'expliquer. On n'en fit rien:

> ... ayant fait ma provision de chair d'Elan [...] je me
> trouvay bien en peine comme je la porterois à sainct
> Joseph, car nous n'avions pas assez de canots pour nous
> & pour nostre bagage; je pensois dans mon esprit si je
> ne pourrois pas bien faire un caieux de bois sur lequel
> je mettrois mon equipage, mais les marées sont si fortes,
> les vents si dangereux, & les caieux si pesans, que toute
> ma provision s'en fût allée à vaux l'eau ...[3]

Je laisse aux érudits le soin d'examiner si <u>cajeux</u> (ou <u>cajeul</u>) ne serait pas, comme on a tenté de l'expliquer, un diminutif de <u>cage</u>, lequel, dans le vocabulaire maritime, était synonyme de <u>hune</u>, sorte de plate-forme fixée à bas-mâts et pouvant, en cas de naufrage, servir à la fabrication d'un radeau[4], ou s'il viendrait de <u>cajeutes</u>, "vieux mot français employé pour désigner les <u>lits de vaisseaux</u>"[5], ou encore, tout simplement, du bas-latin <u>caiagium</u> (quai), les radeaux pouvant servir, à l'occasion, de quais flottants.

Pour ma part, n'étant point spécialiste en ces matières, je retourne à mes collections d'archives.

---

3. JR, XVIII, 192. On trouve de nouveau le mot <u>cajeul</u>, au sens de radeau, dans JR, XXXII, 170, en 1647.
4. JR, XXXII, 313, note 17.
5. N.-E. Dionne, <u>Le parler populaire des Canadiens français</u>... (Québec, 1909), 113.

Le recensement de 1666 et les notaires

En principe, on devrait trouver, au recensement de 1666[1], les noms de tous les colons, avec leur âge et leur métier. Mais une note de Talon, à la fin du document, inquiétera maint chercheur: "Il y a sans doute quelques omissions dans le Rolle des familles [,] qui seront reformées durant l'hyver de la p[rése]nte année 1666." (p. 154) Il serait intéressant — et très long — de vérifier l'importance de ces omissions; contentons-nous, plus modestement, de contrôler l'exactitude du dénombrement pour une seule catégorie d'"habitans", les notaires.

On a accoutumé, depuis Thomas Chapais[2], d'affirmer qu'il y avait au Canada, dans les premiers mois de 1666 où l'on fit le recensement, cinq chirurgiens, quatre huissiers, trois instituteurs... et trois notaires. Le recensement paraît, en effet, n'en mentionner que trois: "Michel fillion, 33 [ans], Notaire Royal" (p. 16), "Pierre Duquet, 24 [ans], Notaire Royal" (p. 27), résidant l'un et l'autre à Québec, et "M^{re} paul Vachon, 36 [ans], Notaire" (p. 55), résidant à Beauport.

Fillion et Duquet avaient été faits notaires royaux par le Conseil souverain, en 1663, le 28 septembre et le 31 octobre respectivement[3]. Vachon, pour sa part, tenait ses commissions des seigneurs de Beauport, de Notre-Dame-des-Anges et de l'Île d'Orléans, et il exerçait depuis 1655 au moins, à titre de notaire seigneurial.

Vachon n'ayant juridiction que dans quelques seigneuries des environs de Québec, Duquet et Fillion n'étant autorisés à exercer qu'"en cette ville de Quebecq et ressort d'icelle", et le recensement n'identifiant point d'autres notaires, il semble que les gouvernements de Montréal et de Trois-Rivières en aient été dépourvus en 1666.

---

1. "Estat general des habitans du Canada en 1666", RAPQ, 1935-36, 3-154.
2. Thomas Chapais, The Great Intendant... (Toronto, 1914), 23.
3. ANQ, NF-12, Ins. Cons. souv., I, 4; Jug. et délib., I, 45.

Pourtant, loin d'être les seuls notaires de la colonie, Duquet, Fillion et Vachon avaient des confrères dans la région même de Québec: Claude Auber, qui avait 49 ou 50 ans, et Romain Becquet, qui n'en avait guère que 26, dont les noms n'apparaissent pas au recensement.

Auber exerçait dans la seigneurie de Beaupré depuis 1650, quand il reçut du Conseil souverain, le 24 janvier 1664, une commission de notaire royal[4]. Il fut le dernier notaire nommé par le Conseil, Romain Becquet l'étant, en 1665, par la Compagnie des Indes occidentales[5].

Le gouvernement de Montréal avait aussi ses notaires. Moins nombreux qu'à Québec, ils n'en étaient pas moins importants. Bénigne Basset s'intitulait, dans ses actes, "greffier, Notaire Et Arpenteur", mais le recensement le qualifie tout bonnement d'"habittant" (p. 108). Notaire seigneurial depuis 1657, il fut nommé notaire royal en 1663, le Conseil souverain ratifiant sa nomination le 18 octobre[6]. Selon le recensement, il était âgé, en 1666, de 27 ans.

Son unique confrère montréalais, Nicolas de Mouchy, dont bien peu d'actes ont été conservés, n'est pas inscrit au dénombrement. Nommé notaire royal et greffier par M. de Mésy et Mgr de Laval, il fut confirmé en ces charges par le Conseil souverain le 26 mai 1664[7]. On ignore son âge en 1666.

À Trois-Rivières et dans les seigneuries de ce gouvernement, exerçaient aussi trois notaires, bien qu'ils ne soient pas désignés comme tels au recensement. Il s'agit de "Severin Ameau dit st severin, 46 [ans], Greffier aud. lieu [Trois-Rivières]" (p. 136), de "Guillaume de la Rue, 30 [ans], habitant" (p. 144) et de "Jacques de latouche [...], 28 [ans], procureur fiscal au Cap de la Mag[delei]ne" (p. 151).

---

4. Ibid., I, 101.
5. "Les notaires au Canada sous le régime français", RAPQ, 1921-22, 23.
6. Jug. et délib., I, 33s.
7. Ibid., I, 189.

Ameau, à qui on ne connaît aucune commission, servait comme notaire et greffier depuis 1651 ou 1652, et en même temps comme instituteur et maître-chantre. Il devait mourir à 95 ou 96 ans, en 1715. Son confrère Guillaume de La Rue résidait à Champlain, où il exerçait depuis 1664, probablement comme notaire seigneurial, malgré le titre qu'il se donnait de notaire royal. On n'a pas retrouvé sa commission, non plus du reste que celle de La Tousche, notaire seigneurial au Cap-de-la-Madeleine de 1664 à 1668.

La colonie comptait donc, au début de 1666, dix notaires, bien que trois seulement soient présentés comme tels au recensement; quatre autres y apparaissent, mais à des titres différents, et trois n'y sont même pas nommés. Le recensement de 1666 se révèle, à l'égard des notaires, incomplet et peu précis. Si trois sur dix ont été oubliés, on peut craindre que bien des petits et des obscurs n'y figurent point, hélas! — qui auraient trouvé, dans ce premier dénombrement de la Nouvelle-France, leurs lettres de noblesse*.

---

* On peut lire, dans DBC, I et II les biographies d'Auber, de Becquet et de Fillion, par Honorius Provost (I, 72s., 88s., 314); de Basset, par Jean-Jacques Lefebvre (I, 80s.); de La Rue, par Raymond Douville (II, 363); de Duquet, de Mouchy, d'Ameau et de Vachon, par André Vachon (I, 306s., 525; II, 16s., 667s.).

XVI

Les problèmes de l'alcool au Canada sous le Régime français

        Les cabarets furent lents à s'implanter en Nouvelle-
France. La première hostellerie autorisée à débiter de l'alcool
fut celle de Jacques Boisdon, à Québec, en 1648. Trois-Rivières
n'eut son cabaret qu'en 1659, tandis que Montréal, cité mystique
longtemps sous l'influence dominante de Maisonneuve et de Jeanne
Mance, attendit le sien jusqu'en 1663, bien qu'elle eût déjà sa
brasserie en 1650. Mais la bière, selon la Relation des Jésuites
de 1667-1668, était une boisson "tres saine & non malfaisante",
fort économique au surplus, et qui permettait de "consumer le
surabondant des bleds". À l'occasion, ces mêmes jésuites n'hési-
tèrent pas à servir de la bière aux jeunes garçons qui venaient
de faire leur première communion ou de chanter la messe de minuit.
On n'avait rien non plus, à vrai dire, contre les vins et les
eaux-de-vie, sinon que c'étaient marchandises de luxe, peu en
rapport avec la pauvreté de la majorité des colons. Mais le
clergé ne favorisait guère la multiplication des cabarets, à
cause des abus auxquels ils pouvaient donner lieu.

        De l'avis de certains, les "Canadiens" avaient déjà
une propention trop marquée à l'ivrognerie pour qu'on leur offrît
encore la tentation permanente de débits de boissons. En signant
un contrat de travail, l'artisan s'assurait un "pot d'eau-de-vie";
l'ouvrier, à son tour, exigeait sa mesure quotidienne d'alcool,
en plus de la nourriture. En 1636, par exemple, les engagés des
jésuites avaient droit à "une chopine de sydre par jour, ou un
pot de biere [deux litres] & par fois un coup de vin, comme aux
bonnes festes"; l'hiver, on ajoutait "une prise d'eau de vie le
matin", quand on en avait. Tout cela était conforme aux moeurs
du temps, et n'a guère de quoi scandaliser. Artisans, laboureurs et défricheurs, rudes gaillards, astreints à des tâches
épuisantes, ne se contentaient pas en général de ces trop raisonnables rations: une vie monotone et difficile, une solitude
relative, loin des parents et amis restés au "vieux pays", la
crainte perpétuelle des Iroquois, un sentiment, parfois très
aigu, d'impuissance face à une nature encore mal connue, tout
cela les incitait souvent à s'évader dans l'ivresse. Vers 1660

déjà, l'ivrognerie, au dire du gouverneur général d'Argenson, était un des trois "désordres" du Canada, et une cause de la grande pauvreté de ses habitants.

Bon an mal an, en effet, il entrait dans la colonie des quantités formidables de boissons alcooliques. En 1667, par exemple, on reçut pour 100 000 livres d'eau-de-vie. La traite avec les Indiens étant strictement interdite, cet alcool était destiné, en grande partie tout au moins, à l'usage personnel des colons. Or ces derniers n'étaient guère que 4 000, y compris les enfants de 15 ans et moins, au nombre de 1 800. Au détail, la valeur de l'eau-de-vie importée atteignait au bas mot 150 000 livres. L'eau-de-vie se débitant cette année-là à 6 livres le gallon, il en arriva donc 25 000 gallons, soit 11,3 gallons par personne — clergé et religieuses compris — en âge de boire. À cela, il faut ajouter les vins (quatre livres le gallon), la bière, le cidre et le bouillon. En moyenne, c'est près d'une centaine de livres que le colon de la Nouvelle-France consacrait annuellement à l'alcool, soit le tiers du salaire que touchaient, en 1669, les conseillers du Conseil souverain et le lieutenant général de la Prévôté de Québec.

On buvait beaucoup, et on buvait mal. Dans les cabarets, au témoignage du gouverneur général Denonville, c'était "l'ordinaire chez tous les buveurs qui [étaient] en très grand nombre de boire chacun une chopine ou une pinte d'eau-de-vie après avoir bien bu du vin". Les femmes elles-mêmes s'enivraient. De même, ajoute le gouverneur, les coureurs des bois, pour se donner du courage, lorsqu'ils avaient à fournir un effort considérable, comme de faire un portage, ingurgitaient jusqu'à une pinte d'eau-de-vie, à même le baril, franchissaient l'obstacle et s'endormaient sans manger. Ces habitudes déplorables s'étendirent à toutes les classes de la société. Le 21 janvier 1749, madame Bégon, belle-soeur de l'intendant, décrivait un dîner dans une des plus grandes familles de Montréal: "Il y a eu de belles soûleries hier, au dîner chez M. de Lantagnac. Tous furent, comme on me l'avait dit, cher fils, danser un menuet avec peine; puis il fut conclu qu'on irait chez Deschambault manger la soupe à l'oignon. Il y fut bu encore beaucoup de vin, surtout cinq bouteilles entre M. de Noyan et St Luc qui, comme tu penses, restèrent sur la place. On mit Noyan dans une

carriole en paquet et on l'amena chez lui." De pareilles beuve-
ries n'étaient pas rares.

Il suffit de consulter les archives judiciaires et les
ordonnances des intendants pour constater les désordres qu'occa-
sionnait le goût immodéré d'un grand nombre de colons pour la
bouteille. Querelles, vols, déprédations troublaient la vie
quotidienne des habitants des moindres paroisses; plus d'une
fois, des ivrognes furent condamnés en justice pour s'être battus
à l'église, pendant le service divin. Autour des cabarets, opé-
raient des maisons de débauche: à Québec, à Trois-Rivières, à
Montréal, on s'en plaignait, sans pouvoir y remédier. Vachon de
Belmont révélait une vision d'enfer en décrivant — non sans
exagération peut-être — le "quartier marchand" de Ville-Marie:
"Il y a des cabaretiers qui ont acquis, dans un mois, pour cinq
cents francs de ces hardes [laissées en gage]; et c'est ainsi
que leurs friponneries leur valent davantage que le débit de
l'Eau-de-vie, qui n'est qu'un prétexte pour couvrir un brigan-
dage toléré; au milieu de la Ville, des lieux infâmes où se com-
mettent toutes les impuretés imaginables, qu'ils souffrent pour
avoir leur chalandise; et enfin, des coupe-gorge ensanglantez
par le moeurtre des Sauvages. Voilà quels sont les lieux où l'on
traite l'Eau-de-vie."

Les débits de boissons s'étaient très vite multipliés.
En 1685, le gouverneur général Denonville l'écrivait à la cour:
"Il y a un grand mal dans le pays qui est une infinité de cabarets [...] Ce métier de cabaretier est l'attrait de tous les
fripons et paresseux, qui ne songent à rien à ce qu'il faudrait
pour cultiver la terre, bien loin de là, détournent et ruinent
les autres habitans [...] Je sais des seigneuries où il n'y a
que vingt habitations, et il y a plus de la moitié de cabarets.
Dans les Trois-Rivières, il y a vingt-cinq maisons, dont il y a
dix-huit ou vingt où l'on donne à boire. Ville-Marie et Québec
sont sur le même pied [...]" Et Denonville n'exagérait pas, ou
si peu. Au recensement de la ville de Québec, en 1716, on dénom-
bra 24 débits de boissons et une population de 2 100 âmes, soit
un cabaret pour 88 personnes; au recensement de 1744, on y compta
44 cabarets et 5 000 âmes, soit un cabaret pour 114 personnes; en
1741, il y avait à Neuville 6 cabarets pour 300 âmes tout au plus;
en 1714, l'intendant ramenait à 19 les cabarets de Montréal, dont

la population était de 2 500 âmes, soit un cabaret pour 132 personnes. Il ne s'agissait là, bien sûr, que des débits de boissons opérant légalement, en vertu d'un permis de l'État.

Les cabarets clandestins, de même que le trop grand nombre des débits de boissons officiels, n'allaient pas sans poser de multiples problèmes. Une concurrence effrénée incitait les cabaretiers — qui, trop souvent, y étaient enclins naturellement — à enfreindre les règlements relatifs aux heures de fermeture, à la bonne tenue des établissements et à la limitation de leurs commerces; des complicités se nouaient entre eux et une certaine clientèle qu'il fallait garder coûte que coûte, cependant qu'ils saisissaient ou provoquaient les occasions d'exercer quelques bonnes "friponneries", lesquelles leur étaient plus qu'un appoint, au dire des contemporains.

L'État veillait et légiférait, certes! mais sans grand succès.

XVII

La Brasserie du Roy

À son arrivée à Québec, en 1665, l'intendant Jean Talon se donna pour mission de diversifier et de fortifier l'économie canadienne. La plupart des colons vivaient sur des terres, mais ne pratiquaient qu'une agriculture de subsistance, faute de débouchés pour leurs produits. Il y avait bien le commerce des fourrures, — le seul qui fût alors de quelque importance, — mais il demandait peu de main-d'oeuvre et, surtout, il était dirigé presque exclusivement par des marchands de France, qui empochaient le plus clair des bénéfices. Il entrait par conséquent bien peu de numéraire dans la colonie[1], même pas assez pour payer les nombreuses marchandises qu'on devait importer annuellement de la métropole[2]. Talon comprit qu'il fallait placer l'agriculture sur une base commerciale en créant des industries locales pour en absorber l'excédent de la production. Ainsi pourrait-on réduire graduellement les importations, et peut-être même produire en vue de l'exportation*.

En 1666, Colbert de Terron, intendant de Rochefort, expédia à Québec deux "chaudières à Brasserie", que Talon s'empressa de demander au ministre en lui offrant d'assumer de ses

---

1. L'arrivée du régiment de Carignan, en cette année 1665, augmenta momentanément l'argent en circulation, comme l'a noté Marie de l'Incarnation: "L'argent qui étoit rare en ce pais, y est à présent fort commun, ces Messieurs [les soldats] y en aiant beaucoup apporté. Ils paient en argent tout ce qu'ils achèttent, tant pour leur nourriture que pour leurs autres nécessitez, ce qui accommode beaucoup nos habitans" (29 octobre 1665). Marie de l'Incarnation (Oury), 759.
2. "Et, par ce qu'elle [la colonie] ne paye pas en argent monnoyé ce qu'elle emprunte [importe], elle donne des denrées, pour retour, qui payent au Roy les entrées dans son Royaume." Ces denrées, ajoute Talon, l'auteur de ce témoignage, sont "consistantes en pelleteries", dont on exporta, en 1667, pour près de cinq cent mille livres. Correspondance de Talon, dans RAPQ, 1930-31, 63.
* Voir ma biographie de Jean Talon dans DBC, I, 629-646.

propres deniers la construction d'une brasserie[3]. Avec son imagination habituelle, l'intendant avait immédiatement vu l'utilité
de cette "manufacture". Déjà, les habitants récoltaient du blé
en surabondance (130 978 minots en 1668[4]): Talon les encourage-
rait donc à cultiver de l'orge et du houblon, dont il fabrique-
rait de la bière, laquelle remplacerait avantageusement les vins
et les eaux-de-vie, trop chers pour la majorité des colons[5] et
dont l'importation coûtait annuellement quelque cent mille livres[6].
En plus de permettre des économies, de stimuler l'agriculture et
de créer des emplois, la brasserie, dans l'esprit de Talon, serait
un encouragement à la navigation commerciale et assurerait peut-
être l'entrée de numéraire par l'exportation qu'on ferait aux Îles
d'Amérique d'une partie de la bière brassée à Québec.

Colbert accorda à Talon les deux précieuses chaudières.
Aussitôt les notables de la colonie[7], M. de Tracy en tête[8], et le
clergé même[9] partagèrent l'enthousiasme de l'intendant pour le
projet d'une brasserie. On voyait en elle une source d'enrichissement pour le pays, mais aussi le moyen de combattre le fléau de
l'ivrognerie et d'instaurer un ordre social et moral meilleur[10].
Chacun y alla de son petit couplet sur les vertus de la bière,
bonne[11] et "nourrissante"[12], "tres saine & non-malfaisante"[13],
qui "excitera l'habitant au travail de la culture de la terre"[14]
et "se pourra debiter a bon marché"[15]. Enfin, selon Colbert
— c'était aussi l'avis des jésuites[16] —, le "vice d'Ivrognerie

---

3. Correspondance de Talon, RAPQ, 1930-31, 54.
4. Thomas Chapais, Jean Talon... (Québec, 1904), 278.
5. Correspondance de Talon, RAPQ, 1930-31, 71.
6. Ibid., 84.
7. Ibid., 84, 101.
8. Mémoire de M. de Tracy (1667), APC, C[11]A, 2, 154.
9. JR, LI, 172-174.
10. Loc. cit.; Correspondance de Talon, RAPQ, 1930-31, 84, 96s.
11. Ibid., 97.
12. Jug. et délib., I, 478.
13. JR, LI, 172-174.
14. Correspondance de Talon, RAPQ, 1930-31, 97.
15. Ibid., 84.
16. JR, LI, 172.

et les au[tr]es qui l'accompagnent souvent ne causeront pl[us]
de scandale, ou du moins les occasions ne seront pl[us] si fre-
quentes p[ar] les qualitez froides de la biere dont les vapeurs
ne font q[uasi] perdre l'usage de la raison"[17]!

C'est dans ce concert de louanges et de bénédictions
que Talon donna l'ordre de commencer la construction de la brasserie, qu'il situa sur les bords de la rivière Saint-Charles,
près des "ateliers de marine" (chantier maritime) qu'il venait
de créer. On construisit d'abord, en 1668, sept voûtes de maçonnerie aux murs épais, à certains endroits, de sept à huit pieds[18],
où seraient conservées les lourdes barriques du sain breuvage.
Sur ces voûtes s'éleva ensuite un bâtiment qui joignait "la magni-
ficence à la commodité"[19], selon le mot de Frontenac. Les travaux
ne furent achevés qu'à l'été ou à l'automne de 1671[20], mais on
avait commencé à brasser dès le printemps de 1670[21]. L'édifice
avait été conçu pour servir temporairement de logement aux char-
pentiers du chantier maritime voisin[22]. Au dire de Marie de
l'Incarnation, c'était en effet une "très-ample Brasserie" bâtie
"avec de très-grands frais"[23].

Les deux années qui suivent l'ouverture de la brasserie furent très encourageantes. Talon avait si fortement
incité les colons à cultiver de l'orge et du houblon qu'il put
en exporter aux Antilles[24]. Lui-même allait donner l'exemple en
faisant planter six mille perches de houblon dans sa terre des
Islets[25]. En 1670, quelques mois après l'inauguration de la
brasserie, il avait expédié aux Antilles "de la bierre faite dans
la brasserie establie a Quebec, de l'orge et du houblon du mesme
pays"[26]. Il n'en était pas peu fier! L'année suivante, il

17. Correspondance de Talon, RAPQ, 1930-31, 97.
18. Historique des voûtes Talon (Québec, s.d.), 6.
19. Correspondance de Frontenac, RAPQ, 1926-27, 12.
20. Correspondance de Talon, RAPQ, 1930-31, 160.
21. Ibid., 136.
22. Ibid., 160.
23. Marie de l'Incarnation (Oury), 865.
24. Correspondance de Talon, RAPQ, 1930-31, 136.
25. Ibid., 161.
26. Ibid., 136.

déclarait pouvoir exporter annuellement deux mille barriques de bière, outre les deux mille qu'il estimait nécessaires "pour l'usage du Canada", ce qui allait donner lieu "à la consommation de plus de douze mille minots de grain par chaque année [...] au benefice et soulagement des laboureurs"[27]. À son départ, en 1672, Talon croyait avoir atteint, avec sa brasserie, le but qu'il s'était fixé. Ce fut au reste le sentiment de Frontenac, qui, incidemment, jugeait la bière de Québec très bonne, bien qu'un peu chère[28].

Pourtant, dès 1673, l'entreprise périclita, pour disparaître en 1675. L'un des objectifs de Talon était en effet de limiter le plus possible l'importation des vins et des eaux-de-vie. Or, cela ne plaisait ni aux colons, qui préféraient en général l'eau-de-vie à la bière, ni à la Compagnie des Indes occidentales, qui levait une taxe de dix pour cent sur toutes les boissons qui entraient dans la colonie. Tant qu'il fut à Québec, Talon put créer et entretenir les conditions nécessaires au progrès de la brasserie. Ainsi, le 5 mars 1668, il avait obtenu du Conseil souverain qu'aucune boisson n'entrât au pays sans le "congé du Roy" — entendons: sans l'autorisation de l'intendant — et que la quantité n'en excédât pas mille deux cents barriques, soit huit cents de vin et quatre cents d'eau-de-vie[29]. Bien plus, en 1670, il avait expédié aux Antilles une partie de l'eau-de-vie destinée au Canada, en expliquant à Colbert que la bière "sera[it] d'autant plus en usage [dans la colonie] qu'il y aura[it] moins d'autres boissons"[30]! Talon parti, les fermiers des droits firent le raisonnement inverse, et c'en fut bientôt fait de la Brasserie du Roy.

Cette brasserie était la propriété personnelle de Talon, qui la vendit à l'État, en 1685, pour la somme rondelette de trente mille livres[31]. On en fit la résidence de l'intendant et le siège du Conseil souverain. Sauf les voûtes, qui subsistent encore, cet édifice fut entièrement détruit par le feu dans la nuit du 5 au 6 janvier 1713.

---

27. Ibid., 160s.; voir aussi p. 176.
28. Correspondance de Frontenac, RAPQ, 1926-27, 12.
29. Jug. et délib., I, 477-479.
30. Correspondance de Talon, RAPQ, 1930-31, 136.
31. Chapais, op. cit., 467-469.

XVIII

René-Louis Chartier de Lotbinière

        Baptisé à Saint-Nicolas-des-Champs, Paris, le 14 novem-
bre 1641, fils de Louis-Théandre Chartier de Lotbinière* et
d'Elisabeth Damours, René-Louis Chartier était issu d'une lignée
dont la noblesse remontait au début du XVe siècle. Il était le
petit-fils du célèbre René-Pierre Chartier, médecin ordinaire de
Louis XIII et professeur de chirurgie au Collège royal. Les
Chartier étaient alliés à quelques-unes des bonnes familles de
France; ainsi, par sa mère, René-Louis était apparenté à Jean de
Lauson (père), ex-intendant de la Provence, de la Guyenne et du
Dauphiné, directeur de la Compagnie des Cent-Associés et futur
gouverneur de la Nouvelle-France. C'est probablement avec ce
dernier, débarqué à Québec le 13 octobre 1651, que la famille de
Lotbinière passa au Canada.

        N'ayant point encore dix ans à son arrivée, René-Louis
était à l'âge des impressions vives et durables. Un fleuve géant,
des montagnes et des forêts immenses, parées de leurs couleurs
automnales, des espaces sans fin, et, dans leurs rapides canots
d'écorce, ces Indiens à demi nus qui se hâtaient à la rencontre
du navire, tout cela, se peut-il qu'un garçonnet l'oubliât jamais?
René-Louis était aussi à l'âge où l'on s'adapte le mieux à une
existence nouvelle. Il fréquenta le collège des Jésuites de
Québec. Quotidiennement il y rencontrait de hardis missionnaires,
découvreurs et géographes autant qu'apôtres, qui naviguaient sur
des rivières et des lacs fabuleux, et qui évangélisaient des
nations lointaines, aux moeurs étranges. Combien peu il devait
regretter le Paris étroit, bruyant et boueux de son temps! Vers
la fin de ses humanités, le 28 juillet 1658, peu après l'arrivée
du gouverneur Voyer d'Argenson, il joua, au collège, dans une
pièce de circonstance, le rôle du "génie des Forêts, interprète
des étrangers". Génie des forêts! Le petit Parisien de naguère
eût-il pu rêver un plus beau titre?

_____

*   Voir la biographie que j'ai donnée de lui dans DBC, I (1966), 207s.

Rentré dans les coulisses improvisées du collège des Jésuites, René-Louis Chartier échappe à notre vue pendant de nombreuses années. (N'est-il point en la puissance des génies de disparaître ainsi, sans laisser de trace?) Il est question de lui une fois, le 29 janvier 1662, quand Dubois Davaugour lui concéda des terres qui, sur la rivière Saint-Charles, avaient appartenu aux Récollets (et que Chartier remit à ces derniers le 23 octobre 1670, à leur retour au pays). Puis c'est le silence jusqu'en 1666; on le rencontre à Québec en 1667 et en 1668, pour le retrouver ensuite en 1670. On ne saurait dire à quoi il employa tout ce temps. Si nous avions les yeux de Lyncée, peut-être l'apercevrions-nous souvent, raquettes aux pieds et fusil en main, parcourant inlassablement les bois giboyeux des environs de Québec. Car il avait l'habitude des longues courses en forêt, ainsi qu'il l'allait montrer à deux reprises en 1666.

M. de Courcelle préparait son entreprise malheureuse contre l'Iroquoisie. Aux soldats récemment arrivés de France, se joignirent quelques habitants du pays. René-Louis Chartier fut de ceux-là. Hâtivement préparée et menée en hiver par des troupes qui n'avaient aucune expérience de la colonie, l'expédition se déroula au milieu de difficultés inouïes, dues au froid excessif et au manque de nourriture. En bon Canadien, René-Louis s'en fût fort bien tiré, n'eussent été une blessure légère reçue au combat et le fait qu'au retour, ébloui par l'éclat de la neige et des glaces, il perdit la vue pendant trois jours. La petite armée ne connut que déboires, et rentra sans avoir rien achevé de ses plans de conquête. Une nouvelle tentative, plus considérable, fut faite en septembre 1666. On ravagea cette fois les villages agniers, dont on prit officiellement possession le 17 octobre. À titre de "lieutenant d'une compagnie bourgeoise de Quebeck", Chartier de Lotbinière signa au procès-verbal, dressé en territoire iroquois par le notaire royal Pierre Duquet.

De retour de la première expédition, Chartier — qui en 1666 et 1667 habitait encore chez son père — avait composé un poème burlesque (genre alors très à la mode en France), racontant en 510 vers (500 octosyllabes et 10 alexandrins) le "Voyage de Monsieur de Courcelles" en Iroquoisie. Voilà bien le plus ancien poème écrit par un Canadien, ou par un Français instruit en Nouvelle-France, dont l'histoire fasse mention. C'est du reste

le principal mérite de cette pièce curieuse: elle est longue,
ennuyeuse, guère poétique, à vrai dire, mais non sans valeur
documentaire. Parmi les vers les moins mauvais, on peut retenir
ceux-ci:

> Après ces beaux exploits et ces travaux guerriers
> Grand Courcelle admirant l'objet de vos lauriers
> En sérieux je diray que les peines dherculle
> Que celles dAllexandre & dAuguste et de Julle
> Ont eu beaucoup desclat mais leur ont moins cousté...

En taquinant ainsi la muse, René-Louis se rappelait-il
qu'Alain Chartier, mort en 1455, dont il descendait en droite
ligne et à qui il devait sa noblesse, fut en son temps un prosa-
teur de qualité, sinon un grand poète — qu'on n'a pas encore
tout à fait oublié de nos jours?

Sauf le rôle militaire qu'il joua en 1666, René-Louis
Chartier n'avait encore exercé, au début de 1670, aucune fonction
officielle. Ce jeune noble s'était-il contenté d'une existence
désoeuvrée, toute consacrée à la chasse et aux promenades? ou
bien étudiait-il le droit avec son père, principal officier de
justice en la Sénéchaussée puis en la Prévôté de Québec? Cette
dernière hypothèse est presque assurée, à moins qu'il ne fût
allé étudier à Paris. Le 13 janvier 1670, en tout cas, il était
installé en la charge de substitut du procureur général, au Conseil souverain. Or, depuis le décès de Jean Bourdon le 12 janvier 1668, jusqu'à la nomination de Denis-Joseph de Ruette
d'Auteuil le 29 mai 1674, il n'y eut pas de procureur général en
titre au conseil, le substitut en remplissant les devoirs.
Lourde responsabilité, par conséquent, que Chartier, âgé de 28
ans seulement, n'eût pu assumer sans une solide connaissance des
lois et des procédures. Chartier vit son mandat annuel renouvelé
les 12 janvier 1671, 28 mars 1672, 16 janvier 1673 (jour où il
prêtait le serment de fidélité au roi exigé par Frontenac) et le
15 janvier 1674. Preuve supplémentaire de la satisfaction des
autorités, il était nommé conseiller le 29 mai 1674, sur présentation de la Compagnie des Indes occidentales. Chartier avait 32
ans, l'avenir lui souriait. Le 26 avril 1675, Louis XIV le nommait à vie. Parmi les conseillers, dont le nombre était porté
de cinq à sept, il occupait le cinquième rang. (En 1674, lors de

son installation, on lui avait assigné la dernière place, étant
le dernier nommé. Il avait protesté et prétendu à plus d'égards,
comme seul conseiller à tenir ses provisions du roi. Affaire de
préséance, dont ce siècle nous a donné tant d'exemples.)

Mais le père de René-Louis, lieutenant général civil
et criminel de la Prévôté de Québec depuis 1666, se préparait à
démissionner. On peut supposer que, selon l'esprit de l'époque,
il demanda instamment que son fils prît sa succession. C'était,
à vrai dire, une charge prestigieuse que celle de juge de la
Prévôté de Québec, et beaucoup plus rémunératrice que celle de
conseiller, qui ne rapportait alors que 300# par année. René-
Louis fut en effet nommé, en remplacement de son père, le 1er
mai 1677; le 25 octobre, il était installé par les conseillers
Louis Rouer de Villeray et Charles Denys de Vitré. Ses appointements étaient de 500#. Pendant 26 ans, Chartier allait s'acquit-
ter de ses devoirs de juge à la satisfaction générale; sa réputation croîtrait d'année en année, ainsi que l'estime qu'on lui
portait. Duchesneau, Denonville, Champigny, Frontenac, le roi
lui-même, louèrent tour à tour son honnêteté et sa compétence,
signalant les services qu'il rendait à la colonie; le 28 décembre
1698, il fut nommé juge de l'Amirauté, mais la création de ce
tribunal fut retardée jusqu'en 1717; Mgr de Saint-Vallier, pour
sa part, fit de Chartier l'un des directeurs de l'Hôpital Général
de Québec. En maintes occasions on fit appel à lui pour siéger
au Conseil souverain en l'absence de conseillers. Il fut en
outre subdélégué de l'intendant en 1677, 1687, 1689, 1690 et
1706. Cette dernière année, par exemple, ses pouvoirs judiciaires étaient fort étendus, preuve de la confiance qu'on avait
en son jugement et en ses connaissances.

Tout au long de son honorable carrière, Chartier de
Lotbinière continua, en qualité d'officier de milice, de prendre
part à la défense du pays. Lieutenant d'une compagnie à l'automne de 1666, il était promu lieutenant-colonel de la milice de
Québec le 2 juin 1673; le 6 juillet 1684, il recevait de Le Febvre
de La Barre une commission de commandant du régiment de Québec
(204 hommes) et, à ce titre, accompagnait le gouverneur dans son
expédition contre les Iroquois; en l'absence de Denonville qui,
en 1687, porta la guerre dans les pays d'en haut, c'est Chartier
de Lotbinière qui commandait à Québec; le 6 juin 1690, il était

nommé colonel d'une compagnie des miliciens de Québec et prit
part à la défense de la ville, assiégée par Phips. En Nouvelle-
France, la noblesse de robe savait à l'occasion empoigner courageusement l'épée.

La compétence et le dévouement de René-Louis Chartier
allaient bientôt être récompensés, et son mérite reconnu. Le
1er juin 1703, Louis XIV le nommait premier conseiller au Conseil supérieur. Ne le cédant qu'au gouverneur, à l'intendant et
à l'évêque, Chartier tenait dès lors le quatrième rang dans la
hiérarchie coloniale. Dès avant sa réception (26 novembre 1703),
il avait fait demander à la cour qu'on lui versât une gratification annuelle de 250# "qui le [mît] en Etat de faire honneur a
son employ": la charge de premier conseiller, qui rapportait
450#, ne donnait pas autant que celle de lieutenant général,
— laquelle, outre un salaire de 500#, comportait des vacations, —
et engageait néanmoins à une plus grande dépense, expliqua-t-il.
Rouer de Villeray avait touché, comme premier conseiller, une
telle gratification; le roi l'accorda de même à Chartier. Il
était important que ce haut officier soutînt à peu près convenablement son rang.

Car on menait grande vie dans la colonie, et à Québec
particulièrement, où le prestige était à proportion de la magni-
ficence de la table, des toilettes et de l'équipage. La petite
noblesse rêvait d'un train princier, la bourgeoisie cédait à
l'attrait du luxe et vivait sur le pied de la noblesse, pendant
que les paysans donnaient dans les habitudes et le confort bourgeois:

> Tout bourgeois veut construire comme les grands seigneurs,
> Tout petit prince a des ambassadeurs.
> Tout marquis veut avoir des pages.
>
> (La Fontaine)

Tout se passait en Nouvelle-France comme si l'on eût adopté
l'imprévoyance de l'Indien nomade, vivant au jour le jour et ne
regardant point à la dépense. Trop souvent, pour tenir dans la
société un rang usurpé, devait-on s'endetter chaque jour un peu
plus. Le faste extérieur cachait mal la misère domestique de
ces coloniaux besogneux. Les plus grandes fortunes reposaient

sur des obligations négligées et des dettes impayées. Charles
Aubert de La Chesnaye, par exemple, le plus puissant commerçant
de son temps, mourut insolvable. Ce ne fut pourtant pas le cas
de Chartier de Lotbinière.

En juin 1701, les notaires Louis Chambalon et Charles
Rageot procédaient à l'inventaire des biens de la communauté
qui avait existé entre René-Louis Chartier et Marie-Madeleine
Lambert, mariés à Québec le 24 janvier 1678. Ce document permet
d'évaluer la fortune, à ce moment, de Chartier: 2 692# 4s. 4d.
en espèces, et des dettes actives s'élevant à 4 924# 1s. 8d.
Soit, à l'actif, 7 934# 15s. 4d., dont il faut déduire les dettes
passives, au montant de 1 929# 6s. 6d., ce qui laisse 6 005# 8s.
10d. À ce moment, il faut ajouter la valeur de la maison qu'il
avait alors en construction et pour laquelle il avait déjà versé
6 000#, de sa seigneurie de Lotbinière de trois lieues et demie
sur six (acquise par concessions des 3 novembre 1672, 1er avril
1685 et 25 mars 1695, et par achat du 22 février 1686), du
domaine de cette dernière avec son moulin, ses deux maisons et
ses granges, de ses terrains de Québec et de quelques biens,
dont sa bibliothèque, qu'il possédait en propre. Soit, au bas
mot, une fortune, fort respectable, de quelque 20 000#.

La maison qu'habitait Chartier, rue Saint-Louis, était
petite et n'avait pas d'étage. Elle comprenait une cuisine avec
dépense, un salon dans lequel se trouvait un lit, une chambre à
coucher, le cabinet du lieutenant général qui lui servait aussi
de chambre à coucher, une cave et un grenier. Là vivaient
Chartier, sa deuxième femme, Françoise Jachée, qu'il avait épousée le 16 mai 1701, et les six enfants qui restaient des dix que
lui avait donnés Marie-Madeleine Lambert. La famille n'avait
pas de domestique. Sauf dans le salon, qu'on transformait au
besoin en salle à manger, meubles et ustensiles étaient cassés,
usés, de peu de valeur. Le salon étalait un luxe qui n'avait
rien d'extravagant: 12 chaises de merisier, un fauteuil, une
causeuse, un buffet à panneaux qui servait de table, une épi-
nette, — instrument très rare en Nouvelle-France, — un vieux
guéridon, deux miroirs, dont un de 20 pouces sur 16, trois
pièces de tapisserie de point de Hongrie, une paire de chenets
de fer à pommes de cuivre, le tout valant 400#. Pour les récep-
tions, précieusement conservées dans le cabinet de Chartier, on

énumère 12 cuillers et 12 fourchettes d'argent, une écuelle et deux salières, aussi d'argent, le tout estimé à 416# 5s., sur le pied de 45# le marc. Alors qu'à Versailles le grand roi continuait de manger avec ses doigts, le lieutenant général de Québec n'ignorait pas, les jours de réception, les raffinements de l'étiquette nouvelle.

À l'époque de son second mariage, Chartier se laissa tenter par l'aventure commerciale. En 1701, il était l'un des directeurs de la Compagnie de la Nouvelle-France, à laquelle il avait souscrit 1 000#. En outre, versant comptant 7 711# en monnaie de carte, il s'associa, le 15 novembre 1704, à Jean Léger de La Grange, pour l'exploitation d'un navire enlevé aux Anglais, mais bientôt repris par ces derniers. Quant à la Compagnie de la Nouvelle-France, ses affaires allaient fort mal: de 1700 à 1704, elle avait perdu 300 000#. À la demande du roi, le directorat à cinq personnes fut supprimé, et la gestion des affaires confiée à un agent général, assisté d'un agent particulier. Le choix se porta sur Chartier de Lotbinière, nommé le 11 septembre 1705, et sur Georges Regnard Duplessis. Les appointements de Chartier étaient de 1 000#. En 1706, Regnard fut préféré à Chartier, qui se retira. Le premier conseiller n'accrut guère sa modeste fortune dans ces opérations; en 1708, Jacques Raudot affirmait qu'il n'avait pas "grands biens".

À sa mort, survenue à Québec le 3 juin 1709, le garçonnet émerveillé de 1651 était premier conseiller au Conseil supérieur, et c'était un de ses neveux, Rigaud de Vaudreuil, qui gouvernait la Nouvelle-France. Il laissait le souvenir d'un homme intègre et compétent, dont on ne comptait plus les services rendus à la colonie. Les gouverneurs et les intendants avaient été unanimes à le louer sans restriction. Arrivé à Québec à l'âge de dix ans, formé au pays, retourné en France deux fois seulement, en 1674 et en 1691, René-Louis Chartier de Lotbinière était devenu un authentique Canadien.

La "suppression" de la Prévôté de Québec (1674)

On a dit et répété unanimement que le tribunal de la Prévôté de Québec fut aboli en 1674 et rétabli en 1677, sans que pour autant il cessât de siéger. On s'en est étonné; on a même vu dans ce fait la preuve que certaines décisions du roi n'étaient pas appliquées dans la colonie. Cette affaire de "suppression" vaut d'être examinée d'un peu plus près.

Sa charte lui ayant concédé les droits de justice en Nouvelle-France[1], la Compagnie des Indes occidentales avait établi, en 1667, deux prévôtés, l'une à Québec, l'autre à Trois-Rivières. Or, nul édit particulier ne vint supprimer la Prévôté de Québec; c'est plutôt dans l'édit portant révocation de la compagnie, abolie en décembre 1674, qu'il en fut question. En révoquant la compagnie et en réunissant à la Couronne ses possessions, droits et privilèges, Louis XIV devait prendre des dispositions pour que la justice continuât d'être rendue au Canada:

> Comme aussi en conséquence de l'extinction, suppression
> et révocation de la compagnie, [...] voulons [...] que
> la justice y soit rendue en notre nom, par les officiers
> qui seront par nous pourvus; jusqu'à ce, pourront tous
> les officiers de la compagnie continuer [...] en notre
> nom les fonctions de leurs offices et charges en vertu
> des présentes lettres...[2]

Les tribunaux établis par la compagnie continueraient donc de rendre la justice, mais au nom du roi, en attendant qu'il eût nommé de nouveaux officiers ou confirmé ceux qui étaient en place. Louis XIV, cependant, fit une exception pour le siège de la Prévôté de Québec,

---

1. "Etablissement de la Compagnie des Indes Occidentales" (mai 1664), clause XXXI, dans Edits, ord., I, 46.
2. "Edit du roi portant révocation de la Compagnie des Indes Occidentales et union au domaine de la Couronne, des terres, isles, pays et droits de la dite Compagnie..." (déc. 1674), dans ibid., 77s.

> ...que nous avons éteint et supprimé, éteignons et sup-
> primons: voulons et ordonnons que la justice y soit
> rendue par le conseil [souverain] en première instance,
> ainsi qu'elle l'étoit auparavant l'établissement de la
> compagnie... (p. 78).

Cette suppression — et non point suspension — ne touchait aucunement la Prévôté de Trois-Rivières, qui continuait d'exister, mais comme tribunal royal. Il me paraît évident, dès lors, qu'en abolissant la Prévôté de Québec le roi visait à ne pas multiplier les juridictions, le Conseil souverain siégeant déjà à Québec.

Au printemps de 1675, Louis XIV s'appliqua à reprendre en main l'administration de la justice en Nouvelle-France. Vraisemblablement à la demande de la Compagnie des Indes occidentales, qui avait été constamment mise en échec par Talon et Boutroue, le roi s'était abstenu en 1672 de donner un successeur à Talon; le 5 juin, il nomma un intendant, Jacques Duchesneau[3]. Le même jour, il confirmait l'établissement du Conseil souverain[4], dont il avait désigné les membres les 26 et 27 avril[5]. Le 15 avril, il avait maintenu Gilles de Boyvinet dans sa charge de lieutenant général de la Prévôté de Trois-Rivières[6] qu'il occupait depuis 1672. Or, après son édit de décembre 1674, Louis XIV avait sans doute eu l'occasion d'entendre certaines représentations sur l'abolition de la Prévôté de Québec, peut-être de la part de Talon, qu'il écoutait volontiers, ou de Mgr de Laval, alors en France. De toute façon, le roi se ravisa, conserva ce tribunal et y renomma le lieutenant général Louis-Théandre Chartier de Lotbinière le 13 mai et le greffier Gilles Rageot* le 17 mai[7].

---

3. Édits, ord., III, 42s.
4. Ibid., I, 83s.
5. ANQ, NF 12, Ins. Cons. souv., I, 57v.-62.
6. Ibid., 74.
7. Ibid., 62v.s., 70.
* Voir, dans DBC, I (1966), 207s. et 573s., les biographies que j'y ai publiées de Louis-Théandre Chartier de Lotbinière et de Gilles Rageot respectivement.

Si l'on veut bien se rappeler les conditions de la navigation à cette époque, on ne se surprendra pas que les documents royaux de décembre 1674, d'avril et de mai 1675, de même que du 5 juin 1675, apportés à Québec par Duchesneau, n'y soient arrivés que vers la fin d'août ou le début de septembre 1675; à l'exception de l'édit portant révocation de la compagnie, ils furent tous examinés le même jour (23 septembre 1675) par le Conseil souverain[8]. Pour les administrateurs coloniaux, les commissions de Chartier et de Rageot, qu'ils enregistrèrent au greffe du conseil, corrigeaient amplement le passage relatif à la Prévôté de Québec dans l'édit de décembre 1674, que du reste ils n'enregistrèrent pas, à supposer même qu'ils en reçurent copie. Dans la colonie, la Prévôté de Québec ne fut donc jamais abolie, le contre-ordre du roi, exprimé par les commissions de Chartier et de Rageot, arrivant en même temps que l'ordre d'abolition du tribunal — si, encore une fois, l'édit de décembre 1674 fut envoyé au Canada, ce qui n'est pas certain. Il est donc impossible de voir en tout cela une preuve que certains édits n'avaient pas d'effet sur l'administration coloniale ou qu'ils n'étaient simplement pas appliqués en Nouvelle-France. Il restait néanmoins, dans un acte officiel, une clause abolissant la Prévôté de Québec; seul un acte de même nature pouvait lever toute ambiguïté sur le statut du tribunal québecois. Cet acte — un édit — le roi le signa en mai 1677, établissant — ou rétablissant — la Prévôté de Québec[9].

---

8. Jug. et délib., I, 988-994.
9. Édits, ord., I, 90s.

XX

Notaires de la Nouvelle-France

nommés par le roi

Selon un vieux principe du droit romain, la création des notaires est un droit régalien[1]. En France, par exemple, c'était toujours le roi qui nommait les notaires[2]; les seigneurs pouvaient toutefois en nommer dans leurs terres, si "la faculté leur en [avait] été expressément accordée par nos Rois"[3].

En Nouvelle-France, le roi délégua d'abord ses pouvoirs, en cette matière, aux Compagnies de commerce[4], au Conseil souverain[5] et aux seigneurs[6], et bientôt à l'intendant seul, qui nomma les notaires, même seigneuriaux, les seigneurs n'ayant plus guère qu'un droit de présentation[7].

Quatre notaires de la Nouvelle-France, cependant, reçurent des lettres de provisions directement du roi. Ce sont

---

1. "Potestas creandi notarios, tabelliones, vel actuarios, ad imperatorem sive regem pertinet." (L. 7, C. de numerariis, actuariis et chartulariis.)
2. Ferrière, Le parfait notaire, I, 16; Blondela, Traité des connaissances nécessaires à un notaire, I, 219. Plusieurs ordonnances revendiquent le droit régalien d'instituer les tabellions et notaires: celles de Philippe IV dit Le Bel, du 9 novembre 1291, du 23 mars 1302, de juillet 1304; de Charles VII, du 26 juillet 1433; de Louis XII, en 1510, etc.
3. Ferrière, op. cit., I, 17.
4. Édits, ord., I, 5, 40.
5. Ibid., 37.
6. Le cas de Paul Vachon suffirait à montrer que, très tôt, les seigneurs exercèrent leur droit de nommer des notaires: notaire seigneurial de Notre-Dame-des-Anges en 1655, de Beauport et de l'île d'Orléans en 1659, il reçut, en 1667, deux nouvelles commissions, l'une de Mgr de Laval, seigneur de Beaupré, l'autre de Mme d'Ailleboust, propriétaire du fief d'Argentenay.
7. Trois fois, entre 1666 et 1669, les intendants Talon et Boutroue interviennent dans la nomination des notaires, en leur conférant ou en leur imposant le titre de notaires royaux. ANQ, Ins. Prév. Québec, I, 267, 269; Ord., comm., I, 88s.

Gilles Rageot, Louis Chambalon, Jacques Barbel et Nicolas
Boisseau.

*   *   *

Gilles Rageot avait été nommé notaire par la Compagnie
des Indes occidentales. Le 7 novembre 1666, Jean Talon signait
un certificat selon lequel il était "notaire royal estably a
Quebecq"[8]. Ce certificat fut confirmé par une ordonnance de
Boutroue qui, le 8 septembre 1669, permettait à Rageot, en même
temps qu'à Becquet, Duquet et Fillion, de continuer à s'intitu-
ler notaire royal[9].

Or, à la dissolution de la Compagnie des Indes occidentales, en 1674, on mit en doute, dans la colonie, le pouvoir
qu'avait Rageot d'exercer sa charge, obtenue de la compagnie.
Rageot en appela au roi qui, le 17 mai 1675, lui accordait une
commission de notaire garde-notes à Québec[10].

À la mort de Rageot, survenue en janvier 1694, l'intendant désigna Louis Chambalon pour exercer les fonctions de notaire
royal, "en attendant que Sa Majesté en eût pourvu", comme en font
foi les lettres de ratification accordées à Chambalon par le roi
le 26 avril 1694[11]. Cette nomination royale, peut-être Chambalon
la dut-il uniquement au scrupule qu'éprouva l'intendant à nommer
le successeur d'un notaire autorisé par le roi lui-même.

Six ans plus tard, le 20 avril 1700, le roi nommait
Jacques Barbel notaire royal dans l'Île de Montréal[12]. Barbel,
qui ne se prévalut pas de cette commission, — l'avait-il même
sollicitée? — en obtint une autre, cette fois de l'intendant, le
4 juin 1703[13]. Il exerça dès lors comme notaire royal, dans le
gouvernement de Québec, jusqu'en 1740.

---

8. ANQ, Ins. Prév. Québec, I, 267.
9. Ibid., I, 269.
10. Édits, ord., III, 89.
11. ANQ, Ins. Prév. Québec, I, 760.
12. Ibid., II, 107.
13. ANQ, NF 25, Coll. de pièces jud. et not., 2020.

Nicolas Boisseau, enfin, reçut de l'intendant, le 15 avril 1731, une commission de notaire royal dans le gouvernement de Québec[14]. Il exerçait déjà quand, le 22 avril 1732, Louis XV lui octroya une nouvelle commission, en tout point semblable à la précédente, qu'elle ratifiait en quelque sorte[15]. Bien habile qui donnerait les raisons de cette intervention royale.

*   *   *

Bref, sur les quelque cent quatre-vingt-douze notaires qui furent nommés dans la colonie canadienne sous le régime français, quatre seulement reçurent une commission directement du roi. Cette faible proportion s'explique surtout par l'immense distance qui séparait la Nouvelle-France de la métropole, et qui eût occasionné des retards considérables dans la nomination des notaires, s'il eût fallu à chaque fois recourir au roi. Sur ce point comme sur bien d'autres, le notariat a dû s'adapter ici aux conditions particulières du pays.

Il est remarquable du reste que, dans le cas de trois des notaires qui reçurent une commission royale, il s'agissait en fait de lettres de ratification: Louis XIV confirmait à Rageot un droit dont il était en possession depuis neuf ans; Chambalon et Boisseau exerçaient depuis deux ans et un an respectivement quand le roi ratifia leur nomination. Seul Barbel eut l'honneur de recevoir du roi lui-même une première commission... dont il ne se servit même pas.*

---

14. ANQ, NF 2, Ord. int., XIX, 82s., et Ins. Prév. Québec, V, 632.
15. ANQ, NF 12, Ins. Cons. souv., VII, 22.
*   On peut lire, dans DBC, I, 573s., et II, 44s., 135s. et 667s., les biographies que j'ai consacrées à Rageot, Chambalon, Barbel et Vachon (dont il est question dans la note 6) respectivement.

François Genaple

Fils de Claude Genaple et de Catherine Coursier, de
Saint-Merri de Paris, François Genaple naquit vers 1643.

Il arriva vraisemblablement dans la colonie en 1664 ou
peu avant. Il était alors menuisier. Il s'établit à Sillery,
sur une terre de 2 arpents sur 60 acquise de Jacques Le Meilleur
le 24 novembre 1665. Quelques mois plus tôt, le 7 août 1665, il
avait signé un contrat de mariage avec Marie-Anne de La Porte,
parisienne comme lui, et l'avait épousée à Québec le 12 octobre.
Deux des trois premiers enfants de Genaple furent baptisés à
Sillery, et les six derniers à Québec, où le ménage semble s'être
installé vers la fin de 1671 ou en 1672, tout en conservant, au
moins jusqu'en 1678, la propriété de Sillery. Située sur la route
de Saint-Michel, cette terre, qui comptait dix arpents en valeur
en 1667, fut probablement exploitée par des fermiers à partir de
1672.

Genaple avait une certaine instruction. En laissant la
culture de la terre pour aller vivre en ville, il espérait probablement se tailler une place dans le fonctionnarisme colonial.
Il débuta modestement: le 11 octobre 1673, Frontenac, qui le pro-
tégeait, à ce qu'il semble, le nommait "huissier et sergent royal
exploitant par tout le Canada". Un an plus tard, le 5 novembre
1674, Genaple apparaissait, pour la première fois en qualité de
praticien, devant le Conseil souverain. Il devint, vers le même
temps, geôlier des prisons de Québec, charge qu'il occupait en
tout cas le 25 juin 1675, et qui lui valut à l'occasion des désa-
gréments dont nous reparlerons.

Si ses fonctions d'huissier, de geôlier et de praticien,
alliées peut-être à l'exercice occasionnel de son métier de menuisier, lui permettaient de faire vivre tant bien que mal sa petite
famille, Genaple resta toutefois à la recherche de quelque autre
office qui fût un apport précieux à son revenu. À l'automne de
1673, la chance avait semblé lui sourire. Le notaire Romain
Becquet, décidé à démissionner, avait consenti à disposer de ses
minutes en faveur de Genaple; en conséquence, le 18 octobre 1673,

Frontenac avait accordé à ce dernier une commission de "notaire royal garde nottes dans la jurisdiction de la ville de Quebecq"; mais, dès le 21 novembre, il avait révoqué cette commission, par suite probablement de l'opposition de la Compagnie des Indes occidentales, soit qu'elle voulût se réserver le droit de nomination des notaires, soit qu'elle contestât le statut de notaire royal reconnu depuis Talon aux notaires de la juridiction seigneuriale de Québec. En 1677, Genaple rencontra de nouveau une certaine opposition. Elle lui vint cette fois des huissiers du Conseil souverain, alors en guerre avec ceux de la Prévôté de Québec, et qui reprochaient à Genaple d'exercer deux fonctions incompatibles, celles d'huissier et de geôlier. La loi, en effet, interdisait ce cumul. Mais le Conseil souverain négligea de se prononcer sur cet aspect particulier du débat, et Genaple en fut quitte pour la peur. Ce ne fut que cinq ans plus tard — dix ans après son installation à Québec — que Genaple put enfin réaliser son ambition de devenir notaire: le 9 avril 1682, Becquet lui vendit ses minutes pour 500#, à condition qu'il fût reçu notaire avant la Toussaint; l'intendant Jacques de Meulles le nomma notaire royal le 22 octobre, en remplacement de Becquet, mort à la fin d'avril.

Un peu avant 1685, certaines intrigues s'étaient nouées autour de Gilles Rageot*, à qui on voulait retirer sa charge de greffier de la Prévôté de Québec pour la donner à l'ambitieux Genaple. L'intendant de Meulles paraît avoir été l'instigateur de l'affaire. Ayant obtenu du roi une commission de greffier en blanc, c'est lui en tout cas qui y porta le nom de Genaple, le 10 mars 1685, en remplacement de Rageot "que ses Infirmitéz ont mis hors d'Estat de servir", prétendait-il. Rageot, il est vrai, "tombait du hault mal", mais cela ne l'avait point empêché de remplir ses fonctions depuis 1666, année où il souffrait déjà de cette maladie. Le greffier évincé porta sa cause devant le Conseil souverain qui, après avoir reçu Genaple en son office, se ravisa et décida d'écrire au roi en faveur de Rageot. En attendant les ordres de la cour, le conseil voulut que les registres et les archives de la prévôté fussent déposés dans une armoire à deux serrures, sont Rageot eût une clé et Genaple l'autre, et que

---

* Voir la biographie que je lui ai consacrée dans DBC, I (1966), 573s.

le premier continuât d'écrire les expéditions de sa main cependant que Genaple les signerait, Rageot touchant les trois quarts des émoluments et Genaple le quart seulement, pour "droit de signature". Ce jugement à la Salomon fut exécuté jusqu'au 24 septembre 1686, jour où Rageot fut réintégré dans ses fonctions, par suite d'une nouvelle commission signée par le roi le 24 (ou 29) mai précédent, et qui annulait du même coup celle de Genaple.

À partir de 1690 au moins et jusqu'à sa mort, Genaple fut commis du grand-voyer en Nouvelle-France. L'importance administrative de cette fonction était d'autant plus grande que le titulaire de la voirie, Pierre Robinau de Bécancour, brillait souvent par ses absences prolongées. En 1695, Genaple était marguillier de la fabrique de Québec, et marguillier en charge en 1701. Le 16 mai 1706, enfin, il fut nommé subdélégué de l'intendant Antoine-Denis Raudot "pour terminer" en l'absence de ce dernier, "les affaires qui pourr[aie]nt survenir dans la comp[agn]ie de la Colonie en ce pays". Marguillier en charge, subdélégué de l'intendant, voilà qui pouvait enfin donner quelque prestige à cet homme qui, menuisier à son arrivée dans la colonie, fut toute sa vie geôlier des prisons de Québec, et qui n'avait guère rempli que des tâches relativement obscures ou ne conférant — tel le notariat — aucun droit aux honneurs dont on était si friand à l'époque. Le 25 février 1690, il est vrai, notre geôlier avait acquis, après l'avoir sollicité de Frontenac, le titre enviable de seigneur des Longues-Vues, une terre située à la rivière Saint-Jean, en Acadie. Cette concession avec droits de justice resta inexploitée, semble-t-il, Genaple se contentant de sa qualité, nouvelle et un peu gratuite, de seigneur.

En 1692, Genaple s'était distingué en soulevant devant le Conseil souverain la question des inventaires. Réglée depuis longtemps en France, cette question n'avait fait l'objet, dans la colonie, d'aucune réglementation. Aussi les lieutenants généraux et les procureurs du roi des trois juridictions royales s'arrogeaient-ils le droit de faire des inventaires. Genaple, qui connaissait ses auteurs, — il possédait, de fait, un certain nombre d'ouvrages de droit, — s'appuyant sur la jurisprudence française, adressa une requête au conseil. "Dez l'an 1317, écrit-il, il fut statué Et ordonné par Edit du Roy que les No[tai]res seulement pourroient faire Inventaires et partages de biens, Avec

défenses A tous Officiers de Justice d'y proceder." Après un
long historique, Genaple conclut qu'il n'y a que les inventaires
et les partages qui sont "ordonnéz par sentence contradictoire
aprez contestation en cause Et sans fraude [qui appartiennent]
au juge [...], Et lors qu'il [est] question d'Aubeine, desherence
& biens Vacans." Genaple demandait en conséquence que seuls les
notaires fussent autorisés à faire les inventaires et les partages, sauf dans les cas d'exception prévus par la législation
française. Cette requête bien documentée ne reçut point de
réponse. Il fallut attendre jusqu'en 1708 avant que le conseil
décidât que les inventaires seraient faits "concurremment" par
les lieutenants généraux et les notaires "suivant qu'ils en
ser[aie]nt Requis".

Genaple eut beau occuper, dans la seconde moitié de sa
carrière, des fonctions de quelque importance, on a néanmoins le
sentiment qu'il resta toujours geôlier avant tout. Il habitait
avec sa famille dans les prisons du palais, et cela seul était
suffisant, à la longue, pour altérer son caractère et le marquer
profondément. Sa tâche, du reste, était ingrate: plusieurs fois
il fut réprimandé par le Conseil souverain pour avoir laissé
s'échapper des prisonniers; il eut, par ailleurs, des démêlés
avec les officiers de justice, en particulier avec Louis-Théandre
Chartier de Lotbinière* dans l'affaire de La Corruble. L'atmos-
phère dans laquelle il vivait quotidiennement, les difficultés
qu'il éprouva à s'imposer dans le fonctionnarisme québécois, les
nombreux échecs qu'il essuya, parmi lesquels les évasions n'étaient
pas les moindres, tout cela aigrit l'ex-menuisier, d'autant qu'il
se trouva impuissant à garder dans la bonne voie son fils Jean-
François, qui s'attira quelques mauvaises affaires et séjourna
même en prison. L'amertume de Genaple le fit tomber, à l'occasion,
dans des excès de langage, en 1685 et en 1701 en particulier, et
manquer de respect au gouverneur général. Il fut contraint, dans
les deux cas, de faire amende honorable devant le conseil et de
présenter ses excuses au gouverneur.

À la mort de Genaple, survenue le 6 octobre 1709, sa
veuve hérita de ses minutes. Elle pouvait, selon l'usage, en

---

* Voir ma biographie de ce personnage dans DBC, I (1966), 207s.

délivrer des copies, contre rémunération. Ni cette activité
occasionnelle ni son métier de sage-femme ne pouvaient cependant
assurer son existence, car Genaple ne lui avait laissé que "peu
de Bien". Aussi obtint-elle de l'intendant Jacques Raudot, le
26 janvier 1710, de succéder à son mari comme concierge des prisons du palais, son fils Joseph, "qui demeur[ait] avec elle dans
lesd. prisons", acceptant de la cautionner. Elle épousa René
Hubert le 22 novembre 1711, à Québec, où elle fut inhumée le 28
juin 1718.

XXII

Paul Dupuy de Lisloye

Paul Dupuy de Lisloye, écuyer, soldat, seigneur, procureur du roi et lieutenant particulier de la Prévôté de Québec, naquit à Beaucaire, dans le Languedoc, vers 1637, de Simon Dupuy et de Suzanne Boschette (al. Brusquet), "gens de grande probité et de bonnes moeurs"; il mourut le 20 décembre 1713 et fut inhumé le lendemain dans l'église-cathédrale de Québec.

Enseigne dans la compagnie Maximy du régiment de Carignan, Paul Dupuy débarqua à Québec à l'automne de 1665. Les opérations militaires terminées, il décida de rester au pays. Le 22 octobre 1668, il épousait à Québec une descendante de Louis Hébert, Jeanne Couillard, petite-fille de Guillaume, née en juin 1654. Par contrat de mariage, les nouveaux époux reçurent des parents de Jeanne, Louis Couillard de Lespinay et Geneviève Després, la moitié de l'Île-aux-Oies (qui comprenait en fait deux îles: la grosse Île-aux-Oies et la petite) et la moitié de l'Île-aux-Grues, l'autre moitié allant à leurs cousins, Pierre Bécart de Granville et Marie-Anne Macard (petite-fille elle aussi de Guillaume Couillard). D'abord, Dupuy et sa femme vécurent surtout à Québec, semble-t-il, où ils firent baptiser deux enfants, en 1669 et en 1671. En 1669, Dupuy retourna à Beaucaire, peut-être pour y mettre ordre à ses affaires; il revint en 1670, muni d'un passeport du gouverneur de cette ville — document qui établit sans aucun doute le lieu d'origine de Dupuy, sur lequel plusieurs historiens se sont mépris. En vue d'un établissement permanent à l'Île-aux-Oies, Dupuy signa avec Bécart de Granville, le 17 octobre 1671, un accord selon lequel le sieur de Lisloye serait propriétaire de la grosse Île-aux-Oies, et Bécart de la petite Île-aux-Oies et de l'Île-aux-Grues. Dupuy et sa famille s'installèrent dans leur domaine en 1671 ou 1672, probablement, leur troisième enfant y étant baptisé par un missionnaire pendant l'hiver de 1672-1673.

Ils connurent la vie paisible des seigneurs-cultivateurs. En 1681, la population de l'Île était de 39 personnes, y compris la famille de Dupuy, qui avait six enfants et qui

employait deux domestiques. Cinq colons, dont un encore célibataire, y avaient pris des terres. Dupuy avait 24 bêtes à cornes
et 20 arpents en valeur, contre 64 et 21 respectivement pour ses
censitaires. Allant rarement à Québec, Dupuy vécut dans son Île
"comme un saint", au témoignage de l'annaliste de l'Hôtel-Dieu de
Québec, "donnant tous les jours plusieurs heures à l'oraison,
s'occupant de bonnes lectures et faisant toutes les fêtes et
dimanches une exhortation à ses domestiques et aux gens de la
campagne qui se rassembloient chez luy de tous les environs pour
l'entendre parler de Dieu. [...] Plusieurs nous ont assurées,
poursuivait l'annaliste, que jamais prédicateur ne leur avait
fait tant d'impression".

Dupuy, alors âgé d'une cinquantaine d'années, allait
être tiré de sa retraite et de son Île par Brisay de Denonville
et Bochart de Champigny. Louis XIV ayant cassé Louis Boulduc*,
procureur du roi en la Prévôté de Québec, et ordonné au gouverneur et à l'intendant de lui trouver un successeur, ceux-ci
arrêtèrent leur choix sur Dupuy. Nommé le 17 octobre 1686, il
fut reçu en sa charge et prêta serment le 24 octobre. Dupuy se
montra d'une probité et d'un désintéressement peu communs.
Aussi, quand René-Louis Chartier de Lotbinière**, le lieutenant
général de la prévôté, s'absenta pour un voyage en France, en
1691, Dupuy fut-il commis par le conseil pour le remplacer
jusqu'à son retour. En 1692, il groupa et inventoria tous les
procès-verbaux de la prévôté, les mit en ordre et les parapha;
on lui doit peut-être la conservation de ces précieux registres.
Toutefois, et malgré le zèle de ses officiers, la prévôté ne
suffisait plus à la tâche, les affaires dont elle devait connaître étant chaque année plus nombreuses. Louis XIV ayant
enfin consenti à nommer un second juge pour assister le lieutenant général, c'est Paul Dupuy qu'il désignait, le 1er juin 1695,
pour occuper le poste de lieutenant particulier de la prévôté.
Dupuy fut reçu par le Conseil souverain en septembre 1696. Son
salaire fut fixé par le roi à 500#. Dupuy allait rester lieutenant particulier en titre de la Prévôté de Québec jusqu'à sa
mort, bien que, à partir du 10 novembre 1710, il remplît les

---

*   Voir la biographie que je lui ai consacrée dans DBC, II, 92s.
**   Voir plus haut, chapitre XVIII, sa biographie, tirée de DBC, II, 142-145.

fonctions de lieutenant général, en l'absence du titulaire, Denis Riverin, qui vivait en France.

Cependant, l'activité marginale de Paul Dupuy n'était pas négligeable. Se souvenant de son premier métier, il accompagna, avec le grade de major, M. Le Febvre de La Barre en 1684, et M. de Denonville en 1687, dans leurs expéditions contre les Tsonnontouans. Par ailleurs, il donna libre cours à sa charité, célébrée par les hospitalières de Québec, en s'occupant, dès sa création, du Bureau des pauvres, dont il fut pendant plusieurs années le trésorier et l'un des directeurs; à la fondation de l'Hôpital Général de Québec, il en devint ex officio l'un des administrateurs. Chargé d'une nombreuse famille, il ne pouvait guère donner de ses propres deniers; toutefois, il chercha des bienfaiteurs, par exemple le sieur Regnard Duplessis, trésorier de la Marine, pour les oeuvres qui lui tenaient à coeur. Officier de la prévôté, juge suppléant au Conseil souverain, praticien à l'occasion, Dupuy n'avait toutefois pas les moyens de doter sa fille, entrée chez les hospitalières, ou de rembourser le sieur Peire, commerçant de Québec, qui le poursuivit en justice en 1711. Manifestement très gêné financièrement, Dupuy vendit aux religieuses de l'Hôtel-Dieu de Québec sa seigneurie de l'Île-aux-Oies. Elle leur fut cédée en 1711, mais le contrat ne fut signé que le 14 février 1713. Il en obtint 12 000#, dont 3 000 furent retenues par les hospitalières pour la dot, restée impayée, d'une de ses filles, la deuxième à prendre le voile dans cette communauté.

Cet officier de justice qui, en 1698, avait été choisi pour devenir le premier juge de l'amirauté, tribunal dont la création fut finalement retardée jusqu'en 1717, qui fut proposé en 1706 pour une place de conseiller au Conseil supérieur, et qui se vit accorder en 1697 une seigneurie de trois lieues sur trois en Acadie, mourut néanmoins dans la pauvreté, sans avoir pu obtenir pour son fils la survivance de sa charge sollicitée depuis 1703. Cette misère lui eût probablement été épargnée si, resté sourd à l'appel de Denonville et de Champigny en 1686, il fût demeuré dans son domaine de l'Île-aux-Oies, dont la fertilité et le rendement étonnaient les hospitalières de Québec. À la pauvreté s'ajoutèrent bien des deuils. Sa femme mourut en 1702; quand il s'éteignit à son tour, quatre seulement de ses 15 enfants (al. 13) lui survivaient.

Paul Dupuy paya cher sa décision de servir ses conci-
toyens, mais il mérita leur estime et leur reconnaissance, et
par là celles de la postérité. Pour toujours, il reste l'homme
probe et de bonne conduite, le juge équitable et soigneux, qu'ont
loué les gouverneurs et les intendants: "un des plus judicieux
et des plus désintéressez officiers" de justice de son temps.

XXIII

Josias Boisseau

Né vers 1641, Josias Boisseau, agent général de la
Ferme du roi, arriva probablement dans la colonie en 1678. Il
était accompagné de son épouse, Marie Colombier. C'est lui et
Charles Aubert de La Chesnaye, l'un des sieurs intéressés en la
Ferme du roi, qui, au printemps de 1679, envoyèrent Louis Jolliet*
explorer la baie d'Hudson. À ce moment, les relations de Boisseau
avec Aubert de La Chesnaye et Jolliet étaient excellentes. Mais
un différend les opposa pendant l'hiver de 1679-1680, qui s'enve-
nima rapidement.

Le pays était alors déchiré par des querelles de partis:
Duchesneau et Frontenac s'affrontaient ouvertement. Toutes les
puissances, grandes et petites, se réclamaient ou du gouverneur
ou de l'intendant; la neutralité était une position difficile à
tenir, les paroles et les gestes les plus innocents étant déformés
et interprétés. Pour reprendre l'expression même de Louis XIV
dans une lettre à Duchesneau, on ne manquait jamais de désapprou-
ver ou d'approuver la conduite des particuliers à proportion
qu'ils étaient amis ou ennemis de l'adversaire.

Or Boisseau était protégé par Frontenac, avec qui,
selon Duchesneau, il était associé pour la contrebande des fourrures. Le vindicatif gouverneur épousa la querelle de l'agent
général; La Chesnaye, son beau-frère Lalande et son neveu Jolliet
obtinrent l'appui de l'intendant. On ne connaît pas, à vrai dire,
l'occasion du conflit, mais il fut d'une violence extrême. Le 10
avril 1680, Boisseau enregistrait une protestation contre
Duchesneau, dont les ordonnances auraient toujours été préjudi-
ciables à la compagnie des sieurs intéressés à la Ferme du roi,
et dénonçait les "abus, torts, pilleries et malversations" de La
Chesnaye et de ses parents et alliés: "assassinat" (?) d'un de
ses domestiques, écrits diffamatoires affichés aux portes des
églises, menaces, procès, etc.

_____

*   Voir l'article que je lui ai consacré dans DBC, I, 404-410.

Avec acharnement, pendant toute l'année 1680, Boisseau poursuivit ses ennemis, en particulier Aubert de La Chesnaye qu'il visait à travers Lalande et Jolliet. En mars, il accusa ces derniers de trafic illégal avec les Anglais de la baie d'Hudson, réclamant contre eux une amende de 2 000#, la confiscation de leur bateau et la saisie des marchandises. Duchesneau tenta de parer le coup; finalement, il dut sévir, réduisant néanmoins la peine exigée par l'agent général. Or — c'est bien le plus incroyable — le crime avait été inventé de toutes pièces, comme Delanglez l'a démontré. Pour satisfaire sa vengeance, Boisseau ne reculait donc pas devant la calomnie. Vingt fois, du 22 mars au 15 octobre, seul ou flanqué de témoins, il se présenta devant l'un ou l'autre des notaires de Québec pour signer des déclarations visant à perdre ses adversaires: La Chesnaye, Lalande, Jolliet et, sans doute, Duchesneau, sans oublier Philippe Gaultier de Comporté, Jacques Le Ber et Charles Le Moyne.

En 1681, l'agent général explose. Le 9 janvier, en jurant et blasphémant "par plusieurs fois", il déchire, piétine et jette au feu deux ordonnances de Duchesneau que lui remet un huissier, affirmant qu'il en ferait autant à l'intendant s'il le tenait. En mars, accompagné d'un garde du gouverneur, il croise dans la rue le fils de Duchesneau, âgé de 16 à 17 ans, et Vaultier, son domestique. De part et d'autre les insultes fusent. Frontenac, mis au courant, exige réparation; l'intendant lui envoie son fils et Vaultier. Loin de présenter ses excuses, le jeune Duchesneau provoque Boisseau. Frontenac en colère se rue sur l'adolescent, le frappe à coups de canne et déchire ses vêtements. Duchesneau s'échappe enfin et réussit à gagner le palais; son père, de peur que le gouverneur n'enlève le jeune homme de force, barricade la maison et arme ses gens. Si l'on en croit l'intendant, le jeune seigneur aurait néanmoins passé un mois dans les prisons du fort, en compagnie de Vaultier. Enfin, en août, "dans un comportement sans pareil, jurant horriblement contre Dieu Et comme un lyon", Boisseau maltraite "extraordinairement" René Favre, qu'il frappe des mains et des pieds, le saisissant à la gorge et menaçant de l'étrangler.

Entre-temps, l'agent général n'avait pas craint d'attaquer le Conseil souverain et les officiers de justice de la colonie. Le juge Migeon de Branssat, par exemple, fut singulièrement

malmené par Boisseau pour avoir osé arrêter certains coureurs des
bois, affidés de François-Marie Perrot, gouverneur de Montréal
et complice de l'agent général. Les écrits diffamatoires, la
violence et la calomnie étaient les armes favorites de Boisseau.
Le conseil eût volontiers engagé une action contre lui; mais la
plupart des conseillers, poursuivant l'agent général pour leur
propre compte, auraient dû se récuser pour n'être pas à la fois
juges et parties. Par ailleurs, "atendu la protection que don-
n[ait] Monsieur le Gouverneur au dit Boisseau", les conseillers
s'en remirent finalement, le 10 novembre 1681, à la justice du
roi.

        À cette date, Boisseau était à la veille de s'embarquer
pour la France. Ses extravagances de l'année 1680 avaient fait
l'objet de nombreux rapports aux autorités métropolitaines;
Duchesneau, pour sa part, en avait rédigé plusieurs. Le roi
ordonna à la compagnie de révoquer Boisseau, mais reprocha à
l'intendant sa partialité envers Aubert de La Chesnaye et l'ani-
mosité qu'il avait montrée dans cette affaire. L'annonce du
rappel de Boisseau dut arriver à Québec peu avant le 15 juillet
(1681), date où on le qualifiait "cy devant" agent général.

        Boisseau partit, mais en annonçant son retour prochain;
il laissait du reste à Québec sa femme et ses deux enfants, nés
au Canada, qui ne rentrèrent pas en France avant l'automne de
1682. À Paris, Boisseau hésita à revenir dans la colonie quand
il apprit que Frontenac, son protecteur, et Duchesneau ne seraient
peut-être pas continués dans leurs fonctions: on disait même,
selon Dudouyt, "quil faisait tout ce quil pouvait pour ny pas
aller". Effectivement, Duchesneau et Frontenac furent rappelés.
Boisseau tenta un moment de s'attacher au nouveau gouverneur,
M. Le Febvre de La Barre, à titre de secrétaire; mais, affirmait
Dudouyt, l'affaire ne se conclura pas, car La Barre "connoist le
S^r. Boisseau". L'aventure canadienne du ci-devant agent général
était close. On ne sait où ni quand il mourut.

        Cet homme entier et, à l'occasion, facilement extrava-
gant eut le malheur de séjourner en Nouvelle-France en des années
où les divisions de l'autorité et l'exacerbation des passions lui
permirent de donner libre cours à ses tendances excessives.
Étroitement protégé, d'une part, par un Frontenac trop semblable

à lui-même et cupide comme lui, il était assuré d'une impunité quasi complète dont il usa allègrement, à l'exemple de son maître; la partialité et l'hostilité systématique du parti adverse, d'autre part, et de Duchesneau en particulier, contribuèrent à l'exaspérer tout en fournissant une apparente justification à ses violences. En d'autres temps et dans un climat plus serein, Josias Boisseau eût peut-être été un tout autre homme, dont l'énergie, le dynamisme et la détermination eussent fait oublier ce que son caractère avait de rude et d'impétueux.

Hilaire Bernard de La Rivière

Né en France vers 1640, Hilaire Bernard de La Rivière
était entrepreneur de bâtiments. Mgr de Saint-Vallier, alors
dans la métropole, l'engagea en 1688 pour diriger les travaux
d'agrandissement de la cathédrale de Québec et de construction
d'une église à la Basse-Ville, la future Notre-Dame des Victoires.
Il avait aussi exercé comme "mesureur et arpenteur royal", charges
qu'il reprit au Canada à la suite d'une commission que lui accorda
l'intendant Champigny le 20 juillet 1689. La Rivière était marié
à Marguerite Gillet, dont il ne paraît pas avoir eu d'enfants.
Mme La Rivière devait périr à Sept-Iles, en 1693, dans le naufrage
du Carossol, qui rentrait en France.

Décidé à rester au pays, Bernard de La Rivière, avec un
enthousiasme et une ambition dignes d'un homme beaucoup plus jeune,
s'y tailla une remarquable carrière. Architecte et entrepreneur,
— ce qui, à l'époque, signifiait à peu près la même chose, — il
construisit beaucoup, surtout des ouvrages de pierre. Le 28 septembre 1692, il s'engageait avec son confrère François de La Joue
à faire la maçonnerie du nouveau fort de Québec, ainsi que de la
résidence du gouverneur; et, le 3 juin 1693, avec le même associé,
à édifier la porte Saint-Jean, d'après les plans de Boisberthelot
de Beaucours. Il travailla beaucoup pour des particuliers et
forma plusieurs apprentis. Sa compétence était reconnue: régulièrement les juges du Conseil souverain le chargeaient de "visiter" des travaux ou des bâtiments et de dresser procès-verbal de
ses constatations. Comme arpenteur, Bernard de La Rivière ne
chômait pas non plus, parcourant infatigablement, théodolite en
main, toutes les seigneuries du gouvernement de Québec.

Or, en 1707, sans rien abandonner de ses occupations
antérieures, il entrait de plain-pied dans une nouvelle carrière.
Le 14 janvier, l'intendant Jacques Raudot le nommait huissier au
Conseil supérieur, et, le 7 mai suivant, notaire et huissier dans
les côtes du gouvernement de Québec "tant quil ny aura point
dautres no[tai]res et dautres sergents [huissiers] Etablis dans
lesd[its] Endroits". Puis, le 15 juillet 1711, il était choisi
comme procureur fiscal de la seigneurie de Lauzon. La même année,

le 6 novembre, Raudot l'autorisait à ratifier à Québec des actes qu'il aurait pu dresser dans les côtes. (Cela ne lui conférait pas le droit d'exercer le notariat à Québec, comme on l'a prétendu, mais seulement d'y faire signer et confirmer des actes passés en l'absence d'une des parties.)

Sa carrière d'officier de justice et de notaire, Hilaire Bernard de La Rivière la commença alors qu'il était bien près de ses 70 ans. Le fait est d'autant plus remarquable que toutes ses fonctions (d'arpenteur, de notaire et d'huissier) l'obligeaient à des déplacements constants, en hiver comme en été, aux quatre coins du gouvernement de Québec, et dans les conditions extrêmement pénibles de l'époque, où le canot et la raquette étaient à peu près les seuls moyens de transport. Il devenait, par sa commission de 1707, le premier de ces notaires "ambulants" qui, sac au dos, parcouraient les seigneuries les unes après les autres, à la recherche de la clientèle. De ces vagabonds du notariat, Philippe Aubert de Gaspé a laissé, dans les Anciens Canadiens, une description pittoresque. Huissier, Bernard de La Rivière avait à signifier des avis, des assignations, des arrêts et des ordonnances dans les endroits les plus reculés: le 10 février 1710, par exemple, Jacques Barbel était condamné à lui payer 36 livres pour les 6 journées employées "au Voyage qu'il a fait pour Signiffier à Julien Laigne habitant de Tilly Un arret de ce Con[seil]". Comme arpenteur, Bernard fut requis dans des seigneuries aussi éloignées de Québec que Sainte-Anne de la Pocatière, à l'Est, et Sainte-Anne de la Pérade, à l'Ouest. Ses absences nombreuses l'empêchèrent d'exercer les fonctions de praticien, qu'il ne remplit que fort épisodiquement devant le Conseil supérieur.

Infatigable marcheur, il ne cessa ses arpentages qu'en 1723, à 83 ans. Sa vigueur déclinait. L'année suivante, le 26 août 1724, dans une commission qui ressemble à un bulletin de santé, l'intendant Bégon nommait François Rageot huissier au Conseil supérieur, "attendu l'infirmité du S. Hilaire Bernard de la Rivière qui ne lui permet pas a cause de son grand aâge de pouvoir toujours travailler". La Rivière reçut son dernier acte notarié le 7 octobre 1725. Le 30 juin 1726, il était paralysé, mais vécut encore trois ans et demi. Il fut inhumé à Québec le 1er décembre 1729.

Bernard de La Rivière s'était remarié à Québec, le 3 novembre 1694, avec Marie-Madeleine Voyer, qui lui donna neuf enfants, dont trois filles et un garçon, nés entre 1703 et 1708, restaient à sa charge en 1720. Peut-être faut-il voir dans ses responsabilités familiales la raison d'une carrière si prolongée. Veuf une seconde fois au début d'octobre 1711, il avait épousé à Beauport, le 22 septembre 1712, Gabrielle d'Anneville, veuve de Mathieu Lagrange, qui fut inhumée à Québec le 13 octobre 1728.

Devant l'admirable activité de ce vieillard, on se rappelle invinciblement La Fontaine:

Un octogénaire plantait...

Dans la vie comme dans la fable, c'est le vieillard qui eut raison.

Joseph Papin, marchand-voyageur et notaire

Le cumul des charges est une des caractéristiques des notaires de la Nouvelle-France: entre deux contrats, les notaires exerçaient les professions et les métiers les plus divers[1]. Mais, en dépit de la multiplicité de leurs occupations, certains nous ont transmis un minutier imposant. Tel n'est pas le cas, toutefois, du négociant Joseph Papin, qui, le 16 août 1748, recevait de l'intendant Hocquart une commission de notaire royal en la juridiction de Montréal[2]: de tous les notaires de cette ville sous le régime français, Papin est en effet le seul dont le minutier ne nous soit pas parvenu[3].

L'absence du minutier de Papin et de la moindre allusion à un acte qu'il aurait signé, le mystère qui entourait ce personnage à peu près inconnu jusqu'à ces dernières années[4], tout incitait les chercheurs à douter que Papin eût jamais exercé le notariat. En 1932, É.-Z. Massicotte apporta enfin quelques éclaircissements:

> Nous savons [...] que le 2 mai et le 16 juin 1750, il [Papin] signe à Montréal, comme notaire assistant, dans deux actes du notaire Bouron; enfin, que dans un acte du notaire Simonnet, en juillet 1763, il se déclare "ancien notaire en cette ville" mais voilà tout ce qui reste de ses "activités professionnelles".[5]

---

1. Voir André Vachon, "Le notaire en Nouvelle-France", dans RUL, vol. X, no 3 (novembre 1955), 235-252, et dans Revue du Notariat, vol. LVIII, no 9 (avril 1956), 434-456.
2. ANQ, Ord. Int., XXXV, 54.
3. É.-Z. Massicotte, "À propos des archives notariales", dans BRH, XXXVIII (1932), 565.
4. En 1922, l'Archiviste de la Province écrivait: "On ne connaît rien de ce notaire et aucun de ses actes n'a été conservé." "Les notaires au Canada sous le régime français", dans RAPQ, 1921-22, 50.
5. É.-Z. Massicotte, "Le mystérieux négociant-notaire Joseph Papin", dans BRH, XXXVIII (1932), 172.

Pourtant, Joseph-Edmond Roy avait, en 1900, noté l'existence d'un acte reçu par Joseph Papin[6]. Conservé à Montréal au
début du siècle, ce document se trouve maintenant à Québec, dans
le minutier de Sanguinet[7]. Il s'agit d'un contrat de mariage
intervenu entre Jean Saillant de Collégien et Véronique Pépin,
dit Laforce, belle-soeur de Papin. En voici les dernières lignes:

> Fait et passé a Montreal en la maison du Sieur Pierre
> Pepin laforce apres midiy le onze Janvier mil sept cent
> Cinquante par moy Joseph Papin Lun des notaires sous-
> signés[8] qui est [ai] gardé la presente minute Sujet à
> l'Insinuation.

S'il est avéré que le notaire Papin a, trois fois au
moins, et à des titres différents, exercé les fonctions de sa
charge, on peut se demander pourquoi son minutier est le seul de
la juridiction de Montréal à s'être perdu. Ne serait-ce pas
qu'il n'eut jamais de minutier? Qu'à deux reprises il ait
assisté son confrère Bouron, cela ne prouve rien, sinon qu'il
savait rendre service à l'occasion; et que le seul acte connu
qu'il ait reçu à titre personnel soit le contrat de mariage de
sa belle-soeur, cela ne s'expliquerait-il pas par quelque conve-
nance familiale[9]? Au demeurant, il suffit, je pense, d'étudier
quelque peu la carrière de ce marchand-voyageur pour constater
qu'il n'eut guère le temps d'exercer une profession aussi séden-
taire que le notariat.

Joseph-Alexandre[10] Papin fut baptisé à Boucherville le
29 avril 1706[11]. Il était fils de Gilles Papin, "marchand

---

6. J.-Edmond Roy, Histoire du Notariat au Canada, II (Lévis, 1900), 27.

7. ANQ, Minutier de Simon Sanguinet, 11 janvier 1750.

8. L'autre était François Simonnet.

9. Le fait qu'il affirme garder la minute de ce contrat "sujet à l'Insinuation"
peut suggérer que, l'ayant signé, il s'occupa de le faire enregistrer;
ensuite, il a bien pu le déposer chez un autre notaire.

10. Les documents le nomment communément Joseph Papin. Le prénom Alexandre
n'apparaît que dans son acte de baptême, son contrat de mariage et l'acte
de baptême de sa fille Marguerite. Lui-même signe J. Papin.

11. Aegidius Fauteux, "Le mystérieux Joseph Papin", dans BRH, XXXVIII (1932), 239.

bourgeois et arpenteur royal de Boucherville", et de Marie-
Françoise Chaperon[12].

        Ce n'est que trente-deux ans plus tard qu'on retrouve
Joseph Papin. À ce moment, il fréquentait régulièrement le
bailliage de Montréal, poursuivant des débiteurs pour des sommes
plutôt modiques. Suivant l'exemple paternel, Papin s'était fait
commerçant. Le 12 mai 1738, par exemple, Joseph et Pierre Papin,
"marchands-voyageurs", contractaient une obligation au montant de
635 livres envers la Compagnie des Indes pour une certaine quantité de drap et de poudre[13]. De toute évidence, les Papin
s'apprêtaient à partir. Leur destination? Le fort Niagara où, le
17 novembre suivant, le récollet François-Antoine Vernet, aumônier
du roi, rédigeait le contrat de mariage de Joseph-Alexandre Papin
et de Marguerite Pépin, fille de Pierre Pépin, dit Laforce, et de
Michelle Le Ber[14].

        Papin, qui prenait tour à tour les titres de marchand
et de voyageur, paraît s'être intéressé de très près à la traite:
du moins la plupart des documents où il est fait mention de lui
se rapportent-ils au commerce dans les différents postes de
l'Ouest. Souvent, du reste, il s'éloignait de Montréal. Le 12
juin 1739, il engageait un nommé Carignan pour le poste de
Détroit[15], et, le 15, il obtenait du gouverneur la permission de
s'embarquer, comme passager, dans le canot de Latour, qui montait
à Détroit[16]. Au baptême de son fils Joseph, le 6 novembre 1741,
Papin était absent[17]. On le retrouve à Montréal le 14 mai 1744,
jour où il contractait une obligation envers la Compagnie des
Indes pour quatre pièces de drap et deux cents livres de

12. Contrat de mariage de Joseph Papin, déposé dans le minutier de Porlier le
    19 juin 1739 (Antoine Roy, Inv. greffes des not., XV, 98s.).
13. E.-Z. Massicotte, "Répertoire des engagements pour l'Ouest", dans RAPQ,
    1929-30, 359; Antoine Roy, op. cit., XV, 77.
14. Voir, plus haut, note 12.
15. Massicotte, Répertoire..., dans RAPQ, 1929-30, 377.
16. Massicotte, "Les congés de traite sous le régime français", dans RAPQ,
    1922-23, 194.
17. Massicotte, "Le mystérieux négociant-notaire Joseph Papin", dans BRH,
    XXXVIII (1932), 172.

120

poudre[18]. Et, dix jours plus tard, il engageait François Pagé pour le voyage de Michillimakinac[19].

À Québec, le 22 avril 1743, Papin s'était reconnu débiteur envers les négociants Havy et Lefebvre de la somme de 2 276 livres 14 sols, pour marchandises reçues. En avril 1745, toujours impayés, Havy et Lefebvre le poursuivirent devant le tribunal de la juridiction de Montréal. À ce moment, Papin habitait rue Saint-Paul, à Montréal, en la maison de son beau-père, Pierre Pépin, dit Laforce, arpenteur royal[20]. En 1746, Havy et Lefebvre portaient leur réclamation devant la Prévôté de Québec[21].

Le 16 août 1748, Papin recevait une commission de notaire royal[22]; le 15 octobre suivant, il signait au baptême de sa fille Marguerite[23]; les 2 mai et 16 juin 1750, il assistait, en qualité de notaire, son confrère Bouron[24]. — Notons le fait que nous perdons constamment la trace de Papin en hiver: n'était-il pas occupé, en cette saison, à commercer dans les forts et les postes de traite des Pays d'En-Haut?

De juin 1750 à mars 1759, aucune mention de Papin. Que devint-il pendant ces neuf longues années? exerça-t-il le notariat? Ces questions restent sans réponse. Lorsqu'il reparaît à Montréal, le 20 mars 1759, c'est pour acheter une maison, rue Saint-Paul. Le contrat ne nous renseigne malheureusement pas sur la profession, à ce moment-là, du mystérieux survenant[25].

18. Massicotte, Répertoire..., dans RAPQ, 1929-30, 447; Antoine Roy, op. cit., XV, 219.
19. Massicotte, Répertoire..., dans RAPQ, 1929-30, 449.
20. Notons que Papin, fils d'un arpenteur royal, avait épousé la fille d'un arpenteur royal; en outre, il était le beau-frère d'Antoine-Jean Saillant, notaire royal en la Prévôté de Québec, lequel avait épousé Véronique, fille de Pierre Pépin, dit Laforce (BRH, 1914, 241s.).
21. ANQ, Coll. de pièces jud. et not., 1456.
22. Voir, plus haut, note 2.
23. Massicotte, "Le mystérieux négociant-notaire Joseph Papin", dans BRH, XXXVIII (1932), 173.
24. Voir, plus haut, note 5.
25. Massicotte, "Le mystérieux négociant-notaire Joseph Papin", dans BRH, XXXVIII (1932), 173.

Papin parvint sûrement à une certaine aisance à la suite de ses nombreux voyages dans les forts, car, en 1763, le "S. Joseph Papin, négociant à Montréal", possédait 20 526 livres en billets d'ordonnance et en lettres de change[26]. Il était en outre propriétaire d'une vaste maison

> de 48 pieds de front sur 45 de profondeur. Elle comprend, au rez-de-chaussée, une salle, une chambre et des cabinets. Au-dessus, sont pratiquées des chambres; au-dessous, il y a cave et cellier avec un four à l'arrière; enfin, sur un côté de la maison, existe un passage pour l'entrée dans la cour qui s'étend jusqu'au rempart.[27]

Cette maison, Papin la vendit, le 7 septembre 1763, à Charles Chaboillez, commerçant de fourrures, pour la somme très rondelette de 9 000 livres, dont 7 000 versées comptant[28].

Papin quitta-t-il Montréal dès 1763? Nous l'ignorons. Ce n'est qu'en 1769 que

> nous le retrouvons établi à Saint-Louis (Missouri) et c'est là qu'il meurt le 18 avril 1772, laissant toute sa fortune à son fils Joseph-Marie, sa femme et tous ses autres enfants étant morts avant son arrivée dans la Haute-Louisiane.[29]

De toute évidence, Joseph Papin s'adonna au commerce beaucoup plus qu'au notariat. Il est bien possible qu'il ait rédigé quelques actes, à l'occasion, mais la petite fortune qu'il possédait au moment où il se déclarait "ancien notaire" de Montréal ne lui venait certes pas de l'exercice du notariat. À n'en pas douter, les périodes où nous le perdons entièrement de vue furent les plus actives de sa vie de marchand-voyageur dans les Pays d'En-Haut.

---

26. "État général des billets d'ordonnance...", dans RAPQ, 1924-25, 244; "État général des Lettres de change...", dans ibid., 347.
27. Massicotte, "Le mystérieux négociant-notaire Joseph Papin", dans BRH, XXXVIII (1932), 174.
28. Loc. cit.
29. Fauteux, op. cit., dans BRH, XXXVIII (1932), 240.

XXVI

Le feu de la Saint-Jean

Dès la plus haute Antiquité, on avait accoutumé, aux
jours du solstice d'été, de rendre des hommages particuliers à
la divinité et d'organiser des réjouissances populaires. Ces
manifestations se retrouvent, sous une forme ou sous une autre,
chez tous les peuples. Au moment d'entrer dans la saison d'été,
on célébrait en quelque sorte la lumière, soit qu'on adorât le
soleil, soit qu'on exaltât le feu comme chez les Perses, ou
qu'on allumât des torches en l'honneur des dieux comme chez les
Grecs.

Dans la Gaule païenne, il était aussi de tradition de
marquer par des festivités le passage du printemps à l'été: sur
les collines et les rochers, des brasiers éclairaient la nuit
pendant que le peuple se livrait à la danse et aux jeux.

Aussi bien le feu est-il par excellence un symbole de
la divinité: "Car Yahvé ton Dieu est un feu dévorant" (Dt 4, 30)[1],
et l'Église n'a-t-elle point voulu supprimer ces fêtes païennes,
les convertissant plutôt en leur donnant une signification nouvelle et en combattant les abus dont elles étaient l'occasion[2].
Les feux de joie crépitant dans la nuit du 23 juin devinrent un
hommage à saint Jean-Baptiste, celui dont l'Évangéliste dit
qu'"Il n'était pas la lumière mais le témoin de la lumière"
(Jn 1, 8).

Depuis le haut Moyen Age, l'Europe chrétienne n'a pas
cessé de dresser, le soir du 23 juin, les bûchers de la Saint-
Jean. On en trouve un témoignage entre mille dans la propre
histoire de Mgr de Laval. Le fait est probablement de 1654, et
François de Laval était alors seigneur de la terre de Montigny.
C'est son ami Boudon qui tient la plume:

---

1. Voir aussi Gn 15, 17, Ex 3, 2; 13, 22, Is 33, 14, So 1, 18, etc.
2. Le feu de la Saint-Jean n'était pas pour autant une cérémonie religieuse:
   il n'avait rien de liturgique, et l'on consulterait en vain les rituels à
   son sujet.

> Dimanche dernier en l'église de Montigny, où je parlai
> aux assistants des abus qui se commettent aux feux de la
> veille de la Saint-Jean, et en même temps je leur déclarai
> que le sieur curé du dit lieu était résolu de faire en sa
> paroisse le feu public et paroissial de la Nativité de
> saint Jean et leur dit que Monsieur et Madame de Montigny
> leur défendaient d'en faire plus aucun particulier. [...]
> La veille donc de la Saint-Jean étant arrivée (qui était
> hier sur le soir), j'allai avec M. l'abbé de Montigny
> [François de Laval], Madame [la mère de Mgr de Laval] et
> Monsieur de Montigny, son fils, qui voulurent que toute
> leur famille les suivît pour le bon exemple à l'église,
> où nous trouvâmes un grand nombre de peuples contre
> l'espérance du sieur curé, qui croyait qu'il n'y viendrait
> personne: il y en avait qui étaient venus d'une demi-
> lieue. Et toute la cérémonie du feu public et paroissial
> de la Saint-Jean fut faite en perfection avec la joie et
> l'édification de chacun. M. l'abbé de Montigny avait
> envoyé un homme exprès par tous les villages de la
> paroisse pour prendre garde qu'on n'y fît aucun feu par-
> ticulier; ce qui fut fait. Mais comme on lui eût dit
> que dans une hôtellerie on se préparait à en faire un,
> il y alla lui-même, le fit détruire et leur fera payer
> quelque chose à l'église pour n'avoir pas gardé son
> ordre.[3]

Fête de la lumière et de la joie, tradition populaire
entre toutes, la Saint-Jean traversa un jour l'océan pour prendre
racine en terre américaine.

Sous le régime français

Ce fut peut-être à bord du Jonas, en 1606, que la tradition de la Saint-Jean passa en Amérique. Parti de La Rochelle
le 11 mai, le navire portait en Acadie les colons recrutés par
Poutrincourt. Une fois sur les bancs de Terre-Neuve, raconte
Marc Lescarbot,

---

3. Quebecen. Beatificationis et canonizationis [...] Francisci de Montmorency-
Laval [...] Altera Nova positio [...] Typis Polyglotis Vaticanis, 1956, 15s.

le point du jour venu, qui était la veille saint Jean-
Baptiste, à bon jour bonne oeuvre, ayans mis les voiles
bas, nous passames la journée à la pécherie des Moruës
avec mille réjouissances & contentemens, à cause des
viandes freches [la chair du poisson] que nous eumes tant
qu'il nous pleut [plut]. [...] Sur le soir nous appa-
reillames pour notre route poursuivre, aprés avoir fait
bourdonner noz canons tant à-cause de la fête de sainct
Jean, que pour l'amour du Sieur de Poutrincourt qui porte
le nom de ce sainct.[4]

Ensuite, et pendant plusieurs années, les archives et
les vieilles chroniques sont muettes sur les manifestations de
la Saint-Jean, auxquelles Lescarbot seul fait deux allusions[5],
sans pourtant nous renseigner sur ce qui se pratiquait à cet
égard en Acadie. On peut cependant noter que c'est le jour de
la Saint-Jean qu'à Port-Royal, en 1610, l'abbé Jessé Fléché*
conféra le baptême à vingt et un Souriquois, les prémices de la
mission[6], et qu'à la rivière des Prairies, en 1615, fut célébrée
la première messe en Canada (exclusion faite de l'Acadie)[7].

Le premier feu de la Saint-Jean dont on fasse mention
en Nouvelle-France fut allumé à Québec en 1636. Un sauvage,
écrit le Père Le Jeune, "voyant la solemnité qu'on fait la
veille de la Sainct Jean, croyoit qu'on faisoit cette feste pour
chasser le Manitou". Le jésuite ne donne aucun détail, sinon
qu'il fait part de sa crainte "que l'un de ces jours ils [les
Indiens] ne nous viennent prier de tirer nos canons pour les
guérir"[8]. Cette vigile de la Saint-Jean aurait donc été soulignée

4. Marc Lescarbot, Histoire de la Nouvelle-France..., "The Publications of the
   Champlain Society" (Toronto 1911), II, 546.
5. Lescarbot, "Relation dernière de ce qui s'est passé au voyage du sieur de
   Poutrincourt..." (1612), dans Lucien Campeau, s.j., La première mission de
   l'Acadie (1602-1616), "Monumenta Novae Franciae" (Rome et Québec, 1967), 651,
   et id., Histoire de la Nouvelle-France (Éd. Tross), Paris, 1866, III, 657s.
6. JR, I, 76.
7. Champlain (Biggar), III, 33.
8. JR, IX, 120. — "Pour les guérir" en chassant le Manitou ou démon qui les
   rend malades.
* Voir la biographie que je lui ai consacrée dans DBC, I, 315s.

par quelques coups de canon et, sans aucun doute, par le feu
traditionnel. La manifestation, à ce qu'il semble, n'était
point nouvelle au pays, puisque le père Le Jeune parle de "la
solemnité qu'on fait la veille de la Saint-Jean" — et peut-être
la tradition en était-elle déjà implantée.

Quoi qu'il en soit, après 1636, les chroniques sont de
nouveau silencieuses sur les festivités du 23 juin. Il est probable, néanmoins, que le bûcher fût dressé chaque année, à Québec,
"aupres de l'Eglise, au lieu destiné pour les feux de joye"[9]. Le
Journal des Jésuites, commencé en 1645, décrit le feu de 1646:

> Le 23, se fit le feu de la St. Jean sur les 8. heures &
> demie du soir. M. le Gouverneur [Montmagny] envoya
> M. Tronquet [son secrétaire] pour sçavoir si nous irions;
> nous allasmes le trouver le P. Vimont & moy [Jérôme
> Lallemant] dans le fort. Nous allasmes ensemble au feu;
> M. le Gouverneur l'y mit, & lors qu'il le mettoit, je
> chanté le Ut queant laxis[10] & puis l'oraison[11]. [...]
> On tira 5. coups de canon, & on fit deux ou trois fois
> la descharge des mousquets; nous en retournasmes entre
> 9. et 10.[12]

Ce cérémonial se reproduisit de 1647 à 1650, avec bien
peu de variantes[13]. Le feu se fait le soir, "sur les huit heures
& demie" en 1646, "sur les 9. heures un quart" en 1648; aucune
précision n'est fournie pour les autres années. En 1646, 1648 et
1650, le bûcher est allumé par le gouverneur; en 1648, on note
que "M. le Gouverneur le mit [le feu] à son ordinaire". En 1650,

---

9. JR, XI, 68.
10. Hymne qu'on chantait le jour de la Saint-Jean: "Afin que nous puissions
    chanter hautement les merveilles de votre naissance, ô saint Jean, purifiez
    nos lèvres de toute souillure", etc.
11. Deus qui praesentem diem... "O Dieu, qui avez rendu le jour de la naissance
    du bienheureux Jean glorieux pour nous, faites que votre peuple soit rempli
    de joies spirituelles et dirigez dans la voie du salut les coeurs de tous
    vos fidèles."
12. JJ, 53s.
13. Les textes cités dans ce paragraphe et dans le suivant sont tirés de JJ,
    53s., 89s., 111, 127, 134, 141s.

toutefois, le supérieur des jésuites s'abstint d'aller à la
fête, "prevoyant qu'on m'y feroit mettre le feu à l'ordinaire, &
ne jugeant pas à propos de laisser courir cette coustume, qui
n'avoit pas esté pratiquée du temps de M. de Montmagny"[14]. En
parlant de cette "coustume", le père pensait à l'invitation
pressante que lui avait faite M. d'Ailleboust d'allumer le feu
de la Saint-Joseph, aux mois de mars 1649 et 1650. Il s'y était
prêté en ces deux occasions, "mais avec beaucoup de repugnance".
M. de Montmagny qui avait toujours allumé le feu lui-même, ayant
quitté la colonie en 1648, et le supérieur des jésuites n'ayant
pas assisté à celui de 1649, il faut croire que ce fut le gouverneur qui l'alluma, à moins qu'il eût laissé cet honneur au
père Vimont — ce qui est peu probable.

De 1646 à 1650, le clergé fut chaque fois représenté
près du bûcher: en 1646 par le supérieur des jésuites et le
père Vimont, en 1647 par M. l'abbé de Saint-Sauveur, en 1648 par
le supérieur des jésuites accompagné des pères Le Jeune et Greslon,
en 1649 par le père Vimont, et en 1650 par le père de La Place.
En 1646, le supérieur chante "le Ut queant laxis & puis l'oraison", pendant que le gouverneur mettait le feu; en 1648, "apres
le feu mis", le Ut queant laxis, "le Benedictus & l'oraison de
St. Jean, le Domine Salvum fac Regem & l'oraison du roy, le tout
sans surplis"; en 1650, "le P. de la Place y assista en surplis
& estolle, avec St. Martin, pour y chanter le Te Deum [sic]".
Était-ce l'habitude, une fois les oraisons terminées, de tirer
quelques coups de canon et de décharger quelques mousquets? Il
n'en est question qu'en 1636 et en 1646, mais ces signes de
réjouissance allaient peut-être de soi.

Une fois de plus, après 1650, les renseignements sur
le feu de la Saint-Jean sont rarissimes. Mais la tradition en
était assez solide pour durer. N'est-elle point significative,
cette note que le supérieur des jésuites prit la peine d'inscrire dans son Journal de 1649: "On ne fit point le feu de la
St. Jean aux Trois-Rivières"[15]? Preuve, assurément, qu'on avait
dérogé, cette année-là, à la coutume. Le feu de la Saint-Jean
avait donc pris une importance certaine dans les traditions de

---

14. Il fut gouverneur de 1636 à 1648.
15. JJ, 127.

la jeune colonie. Voyons-en une confirmation dans le faste que l'on donna à la cérémonie du 23 juin 1666:

> la solemnité du feu de la S. Jean se fit avec toutes
> les magnificences possibles, Mgr l'Evesque [François
> de Laval] revestu pontificalement avec tout le clergé,
> nos pères en surplis, &c. Il [Laval] presente le
> flambeau de cire blanche à Mons. de Tracy, qui le luy
> rend & l'oblige à mettre le feu le premier, &c. [16]

On peut croire que la fête de la Saint-Jean prit plus d'éclat encore à partir de 1694, année où Mgr de Saint-Vallier la plaçait au nombre des fêtes d'obligation observées dans le diocèse de Québec[17], et jusqu'en 1744, date où Mgr de Pontbriand en renvoya la solennité au dimanche[18].

Sous le régime anglais

Malgré la conquête et le changement d'allégeance, les feux de la Saint-Jean s'obstinèrent, année après année, à danser lumineusement dans la nuit du 23 juin. Après deux siècles, les gestes n'avaient point changé, et le spectacle restait le même:

> Les Canadiens de la campagne, écrit Philippe Aubert de
> Gaspé, avaient conservé une cérémonie bien touchante de
> leurs ancêtres normands: c'était le feu de joie, à la
> tombée du jour, la veille de la Saint-Jean-Baptiste.
> Une pyramide octogone, d'une dizaine de pieds de haut,
> s'érigeait en face de la porte principale de l'Eglise;
> cette pyramide, recouverte de branches de sapin intro-
> duites dans les interstices d'éclats de cèdre super-
> posés, était d'un aspect très agréable à la vue. Le
> curé, accompagné de son clergé, sortait par cette
> porte, récitait les prières usitées, bénissait la
> pyramide et mettait ensuite le feu, avec un cierge,

---

16. JJ, 345.
17. H. Têtu et C.-O. Gagnon, éd., Mandements, lettres pastorales et circulaires des évêques de Québec (Québec, 1889-1893), I, 335.
18. Ibid., II, 42.

à des petits monceaux de paille disposés aux huits coins
du cône de verdure. La flamme s'élevait aussitôt pétil-
lante, au milieu des cris de joie, des coups de fusil
des assistants, qui ne se dispersaient que lorsque le
tout était entièrement consumé.[19]

Hubert Larue décrivait à son tour, en 1870, la cérémonie du feu de la Saint-Jean, telle qu'il l'avait observée
autrefois dans sa paroisse natale de Saint-Jean, Ile d'Orléans:

> Sur l'ordre du seigneur, un des habitants transportait
> sur la grève, en face de l'Eglise, le bois nécessaire
> au feu: c'était du bois de cèdre invariablement.
> Après avoir chanté un salut, le curé, revêtu de l'étole,
> se rendait au bûcher. Il le bénissait et ensuite fai-
> sait sortir du feu nouveau, en frappant le caillou avec
> le briquet. Avec l'amadou ainsi enflammé, le curé met-
> tait le feu au bûcher, et quelque compagnie de miliciens
> faisait une décharge de fusils, au milieu des cris de
> toute la foule. Presque toute la population de l'île
> se donnait rendez-vous à Saint-Jean, pour cette solen-
> nité. La coutume était de s'y rendre à cheval, les
> femmes en croupe, derrière leurs maris.[20]

Négligeant quelque peu, pour sa part, l'aspect religieux de la fête, Narcisse-Eutrope Dionne en montrait, en 1889,
le caractère populaire:

> À l'heure convenue, c'était à la brûnante, sur le signal
> donné par le curé ou le notable, des pyramides de sapin,
> des arbres entiers encore verdoyants étaient livrés à la
> flamme dévorante au milieu des cris de joie de la foule.
> Pendant des heures entières, hommes, femmes et enfants
> se livraient à des divertissements innocents, mêlant à
> leurs chants patriotiques des hymnes religieux, des
> cantiques sacrés. Par intervalle, les cris et les
> chants étaient interrompus par une fusillade des mieux

---

19. Philippe Aubert de Gaspé, Les Anciens Canadiens (Montréal, 1946), 88.
20. Hubert Larue, "Fêtes patronales des Canadiens français", dans Revue cana-
    dienne (Montréal), 1870, 488.

nourries ou par les accords d'une musique champêtre, où
les violons jouaient le premier rôle. En ce jour-là,
les deux rives du Saint-Laurent s'illuminaient comme
par enchantement à l'heure du crépuscule.[21]

C'est ainsi que la veille de la Saint-Jean était l'occasion, pour les riverains du fleuve, de communiquer avec les
parents et les amis de la rive opposée. Grâce à des "signes con-
venus", les feux de la Saint-Jean, s'il faut en croire Philippe
Aubert de Gaspé, portaient de l'autre bord des messages où il
était beaucoup question de maladie et de mort: "Si le feu [...]
brûle longtemps sans s'éteindre, c'est bonne nouvelle; s'il
s'éteint tout à coup, c'est signe de mortalité. Autant de fois
qu'il s'éteint subitement, autant de personnes mortes. Pour un
adulte, une forte lumière; pour un enfant, une petite flamme."
Aussi l'oncle Raoul pouvait-il transmettre à De Locheill les
nouvelles de ses amis des Éboulements, de l'Île aux Coudres et
de la Petite-Rivière: "Commençons par les Éboulements: onze
décès de personnes adultes dans cette paroisse depuis l'automne,
dont trois dans la même maison, chez mon ami Dufour [...]. Les
Tremblay sont bien: j'en suis charmé: ce sont de braves gens.
Il y a de la maladie chez Bonneau: probablement la grand'mère,
car elle est très âgée. Un enfant mort chez Bélair; c'était, je
crois, le seul qu'ils eussent: c'était un jeune ménage. [...]"[22]

À la Saint-Jean se rattachaient d'autres traditions,
comme celle de la vente du premier saumon: "chaque habitant qui
tendait une pêche vendait à la porte de l'église le premier saumon qu'il prenait, au bénéfice des bonnes âmes, c'es-à-dire qu'il
faisait dire une messe, du produit de ce poisson, pour la déli-
vrance des âmes du Purgatoire. Le crieur annonçant le but de la
vente, chacun s'empressait de surenchérir."[23] Ces coutumes pit-
toresques sont à peu près disparues de nos campagnes, mais on en
trouvait, ici et là, en 1960, certains restes: à l'Île aux
Coudres, par exemple, avait survécue la fonction du syndic des

---

21. N.-E. Dionne, "Les feux de la Saint-Jean", dans le Courrier du Canada,
    22 juin 1889.
22. Aubert de Gaspé, op. cit., 89s.
23. Ibid., 88.

âmes, et dans d'autres paroisses on faisait encore la criée des âmes.

Vers 1850, la tradition du feu de la Saint-Jean était bien vivante, au témoignage de Benjamin Sulte:

> à Saint-Jean-Deschaillon, aux Trois-Rivières, autour
> de cette ville, j'ai vu vers 1850 bien des feux de la
> Saint-Jean qui [...] étaient de tradition ancienne.
> Ces feux, sur le bord du fleuve, se regardaient les
> uns les autres. Tout le pays était en fête.[24]

*   *   *

Au vingtième siècle, s'il ne s'est point entièrement éteint, le feu de la Saint-Jean a perdu beaucoup de sa vivacité, mais une autre tradition est entrée dans les moeurs québécoises: celle des défilés, avec chars allégoriques et fanfares. Depuis la fondation de la Société Saint-Jean-Baptiste, en 1834, et surtout depuis la proclamation, par Pie X, le 26 février 1908, de saint Jean-Baptiste comme patron spécial des Canadiens français, l'usage s'est en effet généralisé de marquer le 24 juin par des processions d'abord, puis par des défilés à caractère patriotique.

La forme en a peut-être changé, mais la tradition de la Saint-Jean n'est pas encore tout à fait morte chez nous.

---

24. Benjamin Sulte, Mélanges historiques, XV (Montréal, 1929), 33.

XXVII

La requête des habitants de Québec à Lord Durham*

        Au début de 1838, le Bas-Canada ressentait cruellement
encore les bouleversements qui avaient marqué la prise d'armes
de l'automne précédent. De nombreuses maisons et leurs dépen-
dances avaient été saccagées ou brûlées pendant la répression,
et les prisons regorgeaient de détenus politiques. La situation
restait tendue. Le 20 février, Lord Gosford, gouverneur depuis
le 1er juillet 1835, quittait Québec pour rentrer en Angleterre
via les États-Unis. Lui succédait, avec le titre d'administra-
teur, le commandant John Colborne, qui venait de mater
l'insurrection.

        À peine en fonction, Colborne apprit que la reine
Victoria avait sanctionné, le 10 février, une loi qui suspendait
la constitution du Bas-Canada jusqu'au 1er novembre 1840, et qui
autorisait le gouverneur à créer un conseil spécial habilité à
faire des lois et à rendre des ordonnances. Convoqué le 5 avril
1838, ce conseil siégea à Montréal le 18 du même mois. Mais les
événements se précipitaient; le 29 mai, Lord Durham débarquait à
Québec.

        Les troubles de 1837, en effet, avaient provoqué à
Londres de violents débats sur le Canada, qui aboutirent à la
loi du 10 février 1838 et à la nomination d'un haut commissaire
qui enquêterait sur l'état de la colonie. Le 30 mars, Durham
avait reçu une commission de capitaine général et de gouverneur
en chef du Bas et du Haut-Canada, de la Nouvelle-Écosse, du
Nouveau-Brunswick, de l'Ile-du-Prince-Édouard et de Terre-Neuve;
la même commission le chargeait, en qualité de haut-commissaire,

---

*   Texte original d'un article préparé en 1956 pour servir d'introduction à la
     "Requête à Lord Durham du 9 octobre 1838", publiée dans RAPQ, 1955-57, 5-29.
     Cette introduction ayant été jugée trop longue, je l'avais moi-même réduite,
     mais elle fut publiée sans ma signature. La Table des matières des Rapports
     des Archives du Québec (Québec, 1965), p. 90, l'attribue par erreur à
     M. Antoine Roy.

de régler "certaines questions importantes" relatives au gouvernement futur des provinces du Bas et du Haut-Canada[1].

Sa réputation de libéral avancé et d'ardent réformiste
avait précédé Durham dans la colonie, où l'on avait bien reçu,
en général, l'assurance qu'il avait donnée, au parlement de
Londres, de sa volonté de respecter la suprématie de l'Angleterre
au Canada et d'y rendre égale justice à tous les partis. Les
Canadiens français accueillirent le nouveau gouverneur avec beaucoup d'optimisme, voire d'enthousiasme. On connaît les lourds
alexandrins de François-Xavier Garneau:

> Salut à toi, Durham, au caractère fort.
> Et sois le bienvenu parmi les fils du Nord,
> Toi qui marchas toujours droit, grand, dans la carrière,
> Qui n'as jamais fléchi ni regardé derrière.[2]

La population anglaise des deux Canadas était inquiète, cependant,
à cause de cette même réputation; mais la politique et l'habileté
de Durham eurent vite fait de rallier tous les suffrages.

Le jour de son entrée au Château Saint-Louis (29 mai),
Durham émit une proclamation à l'adresse de tous les habitants
de l'Amérique du Nord britannique: demandant leur confiance et
leur appui, il promettait de régler les questions litigieuses
avec la plus stricte impartialité[3]. Le 31 mai, il faisait avertir les membres du Conseil exécutif que leurs services n'étaient
plus requis[4]: il était d'avis que l'Exécutif devait être composé
de personnes qui n'avaient été mêlées en rien aux événements de
1837. Le lendemain, le Conseil spécial formé par Colborne était
dissous à son tour[5]. Durham nomma un nouvel Exécutif et, malgré

---

1. Voir le texte de cette commission dans Robert Christie, A History of the
   Late Province of Lower Canada... (Quebec, 1854), V, 145-147, note; une traduction française en a été publiée par Marcel-Pierre Hamel, Le rapport de
   Durham (Montréal [?], 1948), 55-57.
2. Le Canadien, 8 juin 1838.
3. Voir le texte de cette proclamation dans Christie, op. cit., V, 145-148.
4. Voir le texte de ce document, signé par son secrétaire, Charles Buller,
   dans ibid., 150s.
5. Ibid., 150.

une santé fragile, se mit à la tâche avec une énergie dont on ne l'eût pas cru capable, travaillant jour et nuit, sans cesse occupé des intérêts de l'Angleterre en Amérique.

Le gouverneur se heurtait cependant à un problème grave: celui des détenus politiques. Le 2 mai, Colborne avait bien annoncé à Lord Glenelg la libération de 326 d'entre eux, mais 161 étaient encore incarcérés, dont 72 paraissaient les premiers fauteurs de l'insurrection[6]. Colborne avait laissé à Durham, sur le point d'arriver, le soin de décider de leur sort; Durham fut fort embarrassé: si le crime des citoyens pris les armes à la main ne faisait pas de doute, l'instruction de procès menaçait néanmoins de réchauffer les esprits; d'autre part, la population anglaise réclamait le châtiment des rebelles. Pour assurer le succès de sa mission pacificatrice, Durham devait trouver d'urgence une solution qui contentât tous les partis.

Il imagina de persuader aux principaux chefs de l'insurrection de reconnaître leur culpabilité et de s'en remettre à la discrétion de l'Exécutif. Le 26 juin 1838, Nelson, Bouchette, Marchessault et quelques autres signaient en effet une lettre dont voici les passages essentiels:

> Notre intention, Milord, était de confesser clairement que, dans la poursuite d'un objet cher à la grande masse de notre population, nous avons commis des actes qui ont eu pour résultat une accusation de haute trahison. Nous nous sommes déclarés prêts à plaider culpabilité, afin d'éviter par là la nécessité d'un procès et de contribuer ainsi, autant que nous le pouvons, à la tranquillité de la province [...] Permettez-nous, Milord, pour marquer notre entière confiance en votre Seigneurie, de nous mettre à votre disposition [...] Avec cette très brève explication de nos sentiments, nous nous remettons de nouveau à la discrétion de votre Seigneurie et nous émettons le voeu que la paix du pays ne soit pas compromise par un procès.[7]

---

6. Thomas Chapais, Cours d'histoire du Canada (Québec, 1923), IV, 211.
7. Cité dans ibid., 249; texte anglais complet dans Christie, op. cit., V, 228.

Aussitôt en possession de cette lettre, Durham convoqua un nouveau conseil spécial, dont les membres, tous étrangers au Canada, furent choisis dans la flotte, l'armée et l'entourage du gouverneur. Le jour même de sa formation, le 28 juin, ce conseil spécial approuva une ordonnance[8] qui fixait, sans procès, le sort des principaux détenus politiques: Nelson, Bouchette, Bonaventure Viger, Marchessault, Gauvin, Godin, Desrivières et Masson étaient exilés aux Bermudes et étaient passibles de la peine capitale s'ils revenaient au pays sans la permission du gouverneur; Papineau, Côté, O'Callaghan, Rodier et dix autres, réfugiés à l'étranger et contre qui on avait émis des mandats d'arrestation pour trahison, encouraient aussi la peine de mort, advenant leur retour dans la colonie sans l'autorisation du gouverneur. Exilés et fugitifs pourraient néanmoins rentrer au pays, quand les autorités de la province le jugeraient à propos, à la condition de verser une caution. Enfin, dans une proclamation, elle aussi datée du 28 juin 1838, Durham accordait à tous les autres détenus et fugitifs une amnistie totale, sous la seule réserve d'un cautionnement[9].

Le gouverneur avait ainsi trouvé le moyen de vider les prisons avec l'approbation, inespérée, de tous les partis. Apaisée par l'éloignement des chefs de l'insurrection, la population anglaise du Bas-Canada s'estima satisfaite; les Canadiens français, de leur côté, louèrent la clémence de Durham. Étienne Parent jugea l'amnistie "aussi étendue, aussi généreuse qu'on pouvait l'attendre du représentant d'une grande nation, dans les circonstances actuelles"[10].

En Angleterre, cependant, les choses ne tournaient pas aussi bien pour Durham. Le noble Lord, très impulsif et parfois d'une extrême violence de langage, s'était fait beaucoup d'ennemis au parlement. Quand on y apprit la teneur de l'ordonnance et de la proclamation du 28 juin, ce fut un déchaînement de critiques, d'une virulence peu commune: Durham avait outrepassé ses pouvoirs, il était allé à l'encontre des lois de l'Angleterre en condamnant, sans procès, des prisonniers à l'exil; il n'avait

---

8. Voir le texte de cette ordonnance dans Christie, op. cit., V, 161-166.
9. Voir le texte de cette proclamation dans ibid., 174-177.
10. Le Canadien, 2 juillet 1838.

aucune juridiction sur les Bermudes et ne pouvait y déporter qui
que ce fût. L'ordonnance et la proclamation du 28 juin furent
dénoncées comme illégales et arbitraires[11]; le 20 août, l'ordonnance sur les détenus politiques fut désavouée par le parlement.

La première nouvelle en arriva à Québec le 19 septembre, apportée par le Commercial Advertiser de New York[12]. Durham
prit aussitôt le parti de démissionner et de rentrer en Angleterre.
Dès le 24 septembre, The Quebec Gazette publiait la note suivante:
"La réponse de Son Excellence le Gouverneur général aux délégués
de la Nouvelle-Écosse, du Nouveau Brunswick et de l'Ile-du-Prince-
Edouard ne laisse plus aucun doute sur sa décision de démissionner."[13] Des réunions furent organisées partout dans la province
pour appuyer la politique du gouverneur et le prier de conserver
son poste. De nombreuses requêtes dans ce sens lui furent adres-
sées, de tous les milieux.

"L'opinion est unanime à Québec et tout le monde blâme
le ministère." Les faits corroborent cette affirmation de l'Ami
du peuple du 26 septembre 1838. "Aussitôt que la nouvelle de la
conduite du ministère [à l'égard de Durham] est parvenue à Québec,
tous les principaux citoyens sont allés en foule inscrire leurs
noms sur son livre de visite."[14] Sur la Place d'Armes, le soir
du 26 septembre, on brûlait en effigie Lord Brougham, le grand
responsable du bill sur l'ordonnance du 28 juin, accusé de n'avoir
écouté que son inimitié pour Durham[15].

On se concerta et, le 3 octobre, sous la présidence
d'Andrew Stuart, on tint à la Bourse de Québec une importante
assemblée: sept résolutions furent adoptées à l'unanimité et
incorporées dans une requête à Durham, puis un comité de 20
citoyens fut chargé de recueillir des signatures[16].

---

11. Voir des extraits de ce débat dans Christie, op. cit., V, 183-188.
12. The Quebec Gazette, 19 septembre 1838.
13. "The answer of His Excellency the Governor General to the Address of the
    Deputations of Nova Scotia, New Brunswick and Prince Edward Island leaves
    no longer any doubt of his determination to resign."
14. L'Ami du peuple, 26 septembre 1838.
15. The Quebec Gazette, 27 septembre et 3 octobre 1838.
16. Ibid., 5 octobre 1838.

Le mardi 9 octobre, vers quatre heures de l'après-midi, 3 000 personnes s'étaient massées près de la Bourse de Québec. Un défilé s'organisa et prit la direction du Château Saint-Louis, bientôt rejoint par un second groupe. L'arrivée de Durham fut saluée "avec le plus grand enthousiasme"[17]. Puis Andrew Stuart lut la requête des "habitants de la ville et des environs de Québec": après avoir exprimé la confiance de la population en Lord Durham, on déplorait la décision du parlement anglais à son égard, et on formulait le voeu qu'il demeurât en fonction; si, néanmoins, il jugeait devoir rentrer en Angleterre, on était assuré qu'il travaillerait là-bas à l'établissement de la paix et du bien-être dans les provinces de l'Amérique du Nord britannique. Cette requête portait environ 4 250 signatures, dont 214 seulement de consonance française.[18]

Durham remercia la population, mais réaffirma sa décision inébranlable de partir: le gouvernement de cette province n'ayant plus d'autorité morale, et les affaires y étant conduites par deux ou trois parlementaires, il ne pouvait, dans l'intérêt de la province et à cause de son propre caractère, assumer la responsabilité d'actes émanant de l'extérieur; sa place était au parlement, où se prenaient réellement les décisions relatives à la province; cependant, la population du Bas-Canada pourrait toujours compter sur son amitié, son respect et sa gratitude[19].

Le même jour, 9 octobre, Lord Durham diffusait une longue proclamation dans laquelle, pour la première fois depuis son arrivée au pays, il prônait l'assimilation des Canadiens français. Son intention, déclarait-il, était "d'élever la province de Québec à un caractère tout à fait britannique, et de noyer les petites jalousies d'une société étroite, ainsi que les odieuses animosités d'origine dans les sentiments plus hauts d'une nationalité plus noble et plus large"[20]. Les Canadiens français perdirent, ce jour-là, bien des illusions; le ton de leurs journaux changea soudain.

---

17. Ibid., 10 octobre 1838. "...with the greatest possible enthusiasm".
18. Voir cette requête dans RAPQ, 1955-57, 5-29.
19. Voir le texte de cette réponse dans Christie, op. cit., V, 205s.
20. The Quebec Gazette, 10 octobre 1838; traduction de Chapais, op. cit., IV, 257.

Lord Durham s'embarqua enfin pour l'Angleterre. C'est un homme aigri, blâmé à la fois par la métropole et par une grande partie de la population canadienne, qui vit disparaître derrière la pointe de l'Île d'Orléans, le 1er novembre 1838, le promontoire de Québec et le Château Saint-Louis, résidence du représentant personnel de la reine en Amérique du Nord britannique.

MIETTES

XXVIII

Miettes

Michel Colin et Marguerite Vienne

En 1930, dans un article consacré à "la première femme française à Québec", Pierre-Georges Roy affirmait que Michel Colin et sa femme, Marguerite Vienne, étaient arrivés en Nouvelle-France en 1616. "Colin, poursuivait-il, mourut quelques jours après son arrivée, à la suite, probablement, des fièvres contractées à bord du navire qui l'avait conduit ici." Quant à Marguerite Vienne, "elle ne survécut pas longtemps à son mari. Elle décéda quatre mois plus tard, le 19 juillet 1616."[1]

C'est le frère Sagard qui nous a rapporté les faits auxquels Pierre-Georges Roy se réfère: "le bon Père Dolbeau leur apprit comme dès le 24 jour du mois de mars passé [1616], il avoit ensepulturé un François nommé Michel Colin avec les ceremonies usitées en la saincte Eglise Romaine, qui fut le premier qui reçut cette grace là [des cérémonies[2]] dans le païs."[3]

Puis, le 15 juillet suivant, raconte Sagard, "le Pere Dolbeau donna pour la premiere fois l'Extreme Onction à une femme nommée Marguerite Vienne, qui estoit arrivée la mesme année dans le Canada avec son mary pensans s'y habituer, mais qui tomba bientost malade après son debarquement, & mourut la nuit du 19 puis [fut] enterrée sur le soir avec les ceremonies de la Sainte-Eglise."[4]

Marguerite Vienne était-elle bien l'épouse de Michel Colin? Sagard n'en dit rien, mais on peut être sûr qu'elle ne

---

1. P.-G. Roy, La ville de Québec sous le régime français, I (Québec, 1930), 57. Voir aussi N.-E. Dionne, Samuel Champlain..., II (Québec, 1906), 423, 471.
2. Premiers prêtres à séjourner à Québec, les récollets y étaient arrivés depuis moins d'un an.
3. Gabriel Sagard, Histoire du Canada... (Éd. Tross, 1866), 43s.
4. Ibid., 44.

l'était point. Et voici pourquoi. Il était impossible que
Michel Colin, mort en mars 1616, fût débarqué à Québec cette
année-là, les navires n'arrivant jamais, à cause des glaces,
avant le mois de juin[5]. Colin était donc dans la colonie depuis
1615 au moins. Or, Sagard est formel: Marguerite Vienne était
arrivée en 1616, <u>avec son mari</u> — resté inconnu.

Au surplus, Colin eût-il été l'époux de Marguerite
Vienne, Sagard n'eût point manqué, il me semble, de noter la
disparition, en moins de quatre mois, du premier couple
d'Européens à s'établir à Québec*.

Marie de l'Incarnation et son fils

On connaît cet épisode déchirant où Marie de l'Incarnation, "avec des convulsions estranges qui n'estoient conneue que
de Dieu seul"[6], s'arracha à son fils Claude, âgé de douze ans,
pour se cloîtrer dans le monastère des Ursulines de Tours. De
1631 à 1639, année de son départ pour le Canada, Marie n'oublia
pas son fils, loin de là; mais, et la chose n'est pas aussi para-
doxale qu'elle peut le paraître, c'est quand ils furent séparés
par l'immensité de l'océan qu'ils accédèrent au plus haut degré
d'intimité.

En 1641, Claude entrait chez les Bénédictins. La correspondance de l'ursuline et de son fils devint, dès lors, un
entretien spirituel quasi ininterrompu; tous deux rivalisaient
d'ardeur dans les voies de la perfection et se communiquaient
avec simplicité leurs états d'âme. Claude et sa mère se rejoi-
gnaient en Dieu: "Si mes petits travaux plaisent à Dieu, écrit
Marie le 3 octobre 1645, ils sont à vous comme à moy; et si vous
m'accompagnez dans mes petites fonctions, je vous accompagne
dans les vôtres. Le coeur sacré de mon Jésus tient le milieu
entre le vôtre et le mien, et son divin esprit est le lien de

---

5. Les départs de France avaient généralement lieu en avril, et pour ainsi
    dire jamais avant.
6. Marie de l'Incarnation (Oury), 130.
*   Voir la biographie que j'ai consacrée à Colin dans DBC, I, 239.

notre petit commerce: Car c'est avec luy que je traitte de tout
ce qui vous touche, et de tout ce qui me regarde. Je ne fais
qu'une seule affaire des vôtres et des miennes..."[7]

Claude aurait souhaité revoir sa mère: "Vous me deman-
dez si nous nous verrons encore en ce monde? lui répond Marie le
1er septembre 1643, je ne le sçay pas; mais Dieu est si bon que
si son nom en doit être glorifié, [et] que ce soit pour le bien
de votre âme et de la mienne, il fera que cela soit; laissons-le
faire, je ne le voudrois pas moins que vous, mais je ne veux rien
vouloir qu'en luy et pour luy; perdons nos volontez pour son
amour. Je vous voy tous les jours en luy, et lors que je suis à
Matines, le soir, je pense que vous y êtes aussi, car nous sommes
au choeur jusqu'à huit heures et demie, et comme vous avez le jour
cinq heures plutôt [sic] que nous, il semble que nous nous trou-
vons ensemble à chanter les louanges de Dieu."[8]

Pour dom Claude, Marie de l'Incarnation resta une mère
affectueuse et parfois d'une admirable délicatesse. Ce n'est
pas sans émotion qu'on lit un passage comme celui-ci, dans une
lettre à son fils, du 23 octobre 1649: "Vous me dites que vous
n'avez veu personne qui m'ait parlé depuis que je suis en ce
païs[9]. J'ay fait venir celuy-ci ["un honête jeune homme qui
s'en va en France"], et j'ay levé mon voile devant luy[10] afin
qu'il vous puisse dire qu'il m'a veue et qu'il m'a parlé. Il
est de trois lieues de Sais [Séez] où il m'a promis de vous
aller voir et de vous dire de mes nouvelles de vive voix."[11]

Qui oserait nier que les saints savent être saints et,
à la fois, profondément humains?

---

7. Ibid., 269s.
8. Ibid., 187s.
9. Depuis dix ans.
10. Les ursulines avaient le visage voilé.
11. Ibid., 384.

La Thérèse du Nouveau-Monde

Vivante, Marie de l'Incarnation jouissait, dans son entourage et dans le cercle de ses intimes, d'une solide réputation de sainteté: peu après sa mort, ses vertus devaient éclater au grand jour, grâce à la biographie que dom Claude Martin, son fils, publia d'elle en 1677[12]. La France entière découvrit alors la grande ursuline, et des hommes éminents par leurs connaissances et leurs vertus célébrèrent son nom[13].

Des biographes enthousiastes ont même attribué à Bossuet le qualificatif de "Thérèse du Nouveau Monde" par lequel on désigne souvent Marie de l'Incarnation, comme si la comparaison (judicieuse) entre l'ursuline et sainte Thérèse d'Avila était de lui[14]. D'autres l'ont fort mal cité: "Vraiment, lui fait-on dire par exemple, cette femme est bien ce que les missionnaires de la Nouvelle-France l'ont nommée, la Thérèse du Nouveau Monde"[15].

C'est dans l'Instruction sur les états d'oraison, publiée en 1697, que Bossuet se réfère à Marie de l'Incarnation:

> À l'exemple de ces grandes âmes, la Mère Marie de l'Incarnation, ursuline, qu'on appelle la Thérèse de nos jours et du Nouveau Monde, dans une vive impression de l'inexorable justice de Dieu... (Livre IX, parag. III)[16]

12. [Claude Martin, o.s.b.], La vie de la venerable Mère Marie de l'Incarnation, premiere superieure des Ursulines de la Nouvelle France [...], Paris, Louis Billaine, 1677.
13. Voir P.-F. Richaudeau, Vie de la révérende Mère Marie de l'Incarnation, ursuline... (Tournai, 1873), 391s.
14. Voir, entre autres, Paul Adour, Marie de l'Incarnation... (Paris, 1961), 14; et Lionel Groulx, La grande dame de notre histoire (Fides, 1966), 58.
15. André Dagenais, Marie de l'Incarnation, "Nos Fondateurs", no 3 (Montréal, 1943), 31.
16. Abbé Guillaume, Oeuvres complètes de Bossuet..., 10 vol. (Lyon, 1879), V, 126; voir aussi ibid., 287 et les Oeuvres complètes de Fénelon..., 10 vol. (Paris, 1851-52), II, 294.

Bossuet n'est donc pas l'auteur de ce mot qu'il ne fait que rapporter en le corroborant; et rien n'indique qu'il soit attribuable aux "missionnaires de la Nouvelle-France". D'où qu'il vienne, au demeurant, il est important qu'à tout le moins on le cite correctement.

Dom Claude Martin

Claude Martin, le fils de Marie de l'Incarnation, naquit le 2 avril 1619, à Tours. Il fit profession dans la Congrégation bénédictine de Saint-Maur le 3 février 1642. Prieur de plusieurs maisons de son ordre, deux fois assistant du supérieur général, dom Claude a laissé sa marque parmi les auteurs spirituels du XVIIe siècle[17]. Il mourut le 9 août 1696. Dès 1697, dom Martène publiait sa vie[18].

En plus de la biographie[19] et de la correspondance[20] de sa mère, dom Claude publia les ouvrages suivants: Méditations chrétiennes pour tous les jours et principales fêtes de l'année, 2 vol., Paris, 1669; Conduite pour la retraite du mois à l'usage des religieux de la Congrégation de Saint-Maur, Paris, 1670; Pratique de la Règle de Saint Benoît, Paris, 1674; Retraites de la venerable Mère Marie de l'Incarnation, religieuse ursuline; avec une exposition du cantique des cantiques, Paris, 1682; et L'école sainte ou explication familiere des Mysteres de la Foy [...] par la Venerable Mère Marie de l'Incarnation, Religieuse ursuline, Paris, 1684[21].

---

17. Voir, par exemple, André Rayez, s.j., "Le Traitté de la contemplation de Dom Claude Martin", dans Revue d'ascétique et de mystique, no 115 (juill.-sept. 1953).

18. Dom Martène, La vie du Vénérable Père Dom Claude Martin, religieux bénédictin de la Congrégation de Saint-Maur, Tours, 1697.

19. Voir, plus haut, note 12.

20. [Dom Claude Martin, o.s.b., éd.], Lettres de la venerable Mere Marie de l'Incarnation Superieure des Ursulines de la Nouvelle France [...], Paris, Louis Billaine, 1681.

21. Réédité par l'abbé P.-F. Richaudeau sous le titre de Catéchisme de la vénérable Mère Marie de l'Incarnation, fondatrice des Ursulines de Québec, ou Explication familière de la doctrine chrétienne, Tournai, 1878.

Bossuet lui-même a rendu hommage, dans les termes suivants, à dom Claude Martin:

> Un vénérable et savant religieux, fils de cette sainte
> veuve [Marie de l'Incarnation], plus encore selon
> l'esprit que selon la chair, et qui en a écrit la vie,
> approuvée par nos plus savants docteurs...[22]

Ce témoignage a été cité, partiellement et incorrectement, par dom Albert Jamet, qui fait dire à Bossuet, de Marie de l'Incarnation: "Elle est sa mère, plus encore selon l'esprit que selon la chair."[23]

On semble se faire un plaisir de mal citer Bossuet — lui qui écrivait si bien!

Le contrat de mariage de M. Chartier de Lotbinière

La carrière canadienne (1651-1677) de Louis-Théandre Chartier de Lotbinière est relativement bien connue*. De sa vie en France, antérieure à sa venue au Canada, on ne sait rien, sinon qu'il était fils de René-Pierre Chartier, médecin ordinaire de Louis XIII et professeur de chirurgie au Collège royal, qu'il fut dans sa jeunesse prieur de Saint-Étienne de Monays, qu'il épousa, à l'âge de vingt-neuf ans environ, Élizabeth Damours, et qu'il vivait à Paris, paroisse de Saint-Nicolas des Champs, où furent baptisés ses deux enfants, René-Louis et Françoise.

La date du mariage de Chartier n'était jusqu'ici qu'une conjecture, fondée sur la date de naissance de René-Louis. Or, un document nouveau, que j'ai trouvé dans l'inventaire des biens de la communauté de René-Louis Chartier et de Marie-Madeleine

---

22. Bossuet, Instruction sur les états d'oraison, livre IX, III, dans Guillaume, op. cit., V, 127.
23. Dom Albert Jamet, o.s.b., éd., Marie de l'Incarnation [...], Écrits spirituels et historiques, I (Paris et Québec, 1929), 73.
* Voir la biographie que je lui ai consacrée dans DBC, I, 207s.

Lambert, dressé en juin 1701[24], apporte quelque lumière sur cette question. Il s'agit du résumé du contrat de mariage de Louis-Théandre Chartier et d'Élizabeth Damours:

> Une grosse en parchemin Timbré du Contract de Mariage
> passé entre Mondit Sieur louis Theandre Chartier, et
> damoizelle Elizabeth damours pere et mere de Mond.
> Sieur le lieutenant general par lorimier et nourry
> Notaires au Chastelet de paris, en datte du 6[e]
> febvrier 1641. par lequel Contract Ladite da[moi]-
> z[e]lle damour a ameubly le tiers de ses biens, le
> Douaire Reglé a quatre cents Livres de rente, et le
> preciput a quatre cents livres, Collationnee par
> Torenon et Aumont no[tai]res aud[it] Chastellet Du
> 16. aoust 1691. es mains duquel dit Aumont estait
> alors la minutte dud[it] Contract.

Si mince soit-elle, voici donc une précision nouvelle dans la biographie de Louis-Théandre Chartier: il a signé son contrat de mariage à Paris le 6 février 1641.

Une lettre de l'archevêque de Rouen (1659)

J'ai noté ailleurs[25] que Louis-Théandre Chartier ne paraît pas avoir entretenu des relations très cordiales avec le clergé de la Nouvelle-France, et qu'en 1664 il prit parti pour M. de Mézy contre Mgr de Laval. Peut-être même est-ce lui qui envoya à la cour, vers 1668, un "mémoire touchant les Pères de la Mission"[26] (les Jésuites); ce mémoire pouvait aussi bien être de son fils René-Louis, mais il aurait pu difficilement être rédigé sans que Louis-Théandre le sût et y donnât son assentiment. Quoi qu'il en soit, on lit, dans l'inventaire des biens de René-Louis Chartier de Lotbinière et de son épouse, dressé en 1701[27], le texte d'une lettre de l'archevêque de Rouen à Louis-

---

24. ANQ, Minutier de Louis Chambalon, 13 juin 1701; j'ai publié cet inventaire dans RHAF, XXI (1967-68), 803-824.
25. DBC, I, 208.
26. Correspondance de Jean Talon, dans RAPQ, 1930-31, 102.
27. ANQ, Minutier de Louis Chambalon, 13 juin 1701.

Théandre Chartier, du 3 mai 1659. Même si elle n'indique pas
que, sur la question de la juridiction ecclésiastique en Nouvelle-
France, Chartier ait penché du côté de Mgr de Harlay, elle cons-
titue une pièce nouvelle aux dossiers de Chartier et de la querelle religieuse née de la volonté d'indépendance de François de
Laval à l'égard de Rouen:

> Une lettre de Monsieur larchevesque de Roüan escrite à
> Mond[it] Sieur Le lieutenant general pere dont la Teneur
> Suit: Monsieur, Comme vous Exercez Tres dignement loffice
> de lieutenant general dans Le pays de La nouvelle france,
> Jay Crû devoir accompagner La lettre du Roy, d'une des
> miennes pour vous prier de tenir la main a l'execution des
> ordres de Sa Majesté, Monsieur labbé de quelus* en causera
> avec vous et vous Eclaircira de toutes les Choses quy vous
> peuvent servir d'Instruction pour maintenir l'autoritté du
> pape, la mienne qui Suis ordinaire dans le pays et Celle
> de Sa Majesté avec lequel je suis convenu de toutes choses,
> de Surplus Monsieur croyez moy tout a vous et que dans les
> occazions Je vous veux témoigner avec quelle passion je
> suis, Monsieur, vostre Tres affectionné serviteur arche-
> vesque de Roüan, et acosté est escrit, de paris le 3. may
> 1659., Monsieur Chartier,
>
> [en marge:] et sur lenveloppe a M[onsieu]r Monsieur
> chartier Conseiller du Roy en ses Conseils et lieutenant
> general pour la Justice au Royaume de la nouvelle france,
> en Canada.

Monsieur Talon du Quesnoy

À la suite de Thomas Chapais[28], j'ai écrit, dans ma
biographie de Jean Talon publiée par le Dictionnaire biographique du Canada, que notre premier intendant fut "appelé à une

---

28. Thomas Chapais, Jean Talon, intendant de la Nouvelle-France, (Québec, 1904),
    16.
*   Voir la biographie que j'ai consacrée à ce personnage, Gabriel Thubières de
    Levy de Queylus, dans DBC, I, 659-664.

époque Talon Du Quesnoy"[29]. Cette affirmation me paraît maintenant le fruit d'une mauvaise interprétation.

Jean Talon avait plusieurs frères au service du roi[30],
dont il pouvait être nécessaire de le distinguer. Or, au XVIIe
siècle, on ne faisait guère usage des prénoms. Écrivant à Talon,
alors commissaire dans le Quesnoy, les fonctionnaires adressaient,
il est vrai, leurs missives à "M. Talon du Quesnoy"[31]. Mais, à y
regarder de plus près, on constate qu'il ne s'agit point là d'un
nom, comme il apparaît à l'examen de certaines lettres expédiées
à Talon quand il était intendant en Nouvelle-France. Leur desti-
nataire y est ainsi désigné: M. Talon de Canada, M. Talon du
Canada, voire M. Talon d'Amérique; mais aussi M. Talon Canada[32].

À moins de consentir à enseigner que Talon fut appelé
successivement — ou simultanément — Talon du Quesnoy, Talon du
Canada et Talon d'Amérique, ce qui serait abusif, il faut voir,
en ces toponymes, non pas tant des noms que des adresses.

René-Louis Chartier de Lotbinière chez les Agniers

René-Louis Chartier* participa à l'expédition de M. de
Courcelle contre les Agniers en 1666: il en a laissé un récit
en vers, dans le genre burlesque, qui est bien connu[33]. Les historiens, cependant, ont introduit quelque confusion dans cet épisode, à la suite de Pierre-Georges Roy, qui écrivit en 1927:

> On connaît l'expédition de M. de Courcelles contre les
> Iroquois en 1666. M. de Lotbinière fit cette campagne
> dans une compagnie de milice de Québec. Au procès-
> verbal de la prise de possession du pays des Agniers,

---

29. André Vachon, "Talon, Jean", dans DBC, I, 629.
30. Chapais, op. cit., 12s.
31. SHA, A[1], vol. 157, no 224, par exemple.
32. Ibid., vol. 196, no 396, vol. 204, f. 370, vol. 212, no 388, etc.
33. Ce poème a été publié dans BRH, XXXIII (1927), 264-282, et plus récemment
    dans Luc Lacourcière, éd., Anthologie poétique de la Nouvelle-France,
    XVIIe siècle (Québec, 1966), 89-102.
*   Voir plus haut, chapitre XVIII, sa biographie, tirée de DBC, II, 142-145.

le 17 octobre 1666, il s'intitule: "lieutenant d'une
compagnie bourgeoise de Québec".[34]

Plus brièvement, le père Louis Le Jeune affirme qu'"en 1666, dans
l'expédition de M. de Courcelle, René s'intitule 'lieutenant d'une
compagnie bourgeoise de Québec'."[35] Le frère J.-B. Gareau s'ex-
prime de la même façon[36].

On a oublié, semble-t-il, que les troupes françaises
et la milice coloniale entreprirent en 1666 deux expéditions
contre les Agniers. La première, conduite par M. de Courcelle
de janvier à mars et racontée par Chartier dans son poème, rentra
sans succès. La seconde, sous les ordres de M. de Tracy, fut
lancée en septembre. Elle fut plus heureuse: on s'empara du
territoire des Agniers et, le 17 octobre, René-Louis, "Lieutenant
d'une compagnie bourgeoise de Quebeck", signait au "Procès-verbal
de prise de possession des forts d'Agniers"[37]. René-Louis participa donc aux deux expéditions, mais on ignore s'il avait le grade
de lieutenant sous M. de Courcelle — et c'est à la seconde qu'il
signa au procès-verbal de prise de possession.

La seigneurie de Lotbinière

Le 3 novembre 1672, Talon concédait au "sieur de
Lotbinière" une terre de deux lieues de profondeur, entre la concession du sieur Marsolet* et celle des Dames Ursulines, sur la
rive sud du Saint-Laurent[38]. Cette seigneurie, agrandie par la
suite, reçut et conserva le nom de Lotbinière.

L'absence de tout prénom dans l'acte de concession
induisit les historiens à croire que la terre avait été concédée

---

34. P.-G. R[oy], "René-Louis Chartier de Lotbinière", dans BRH, XXXIII (1927),
    258.
35. Le Jeune, Dict. général, II, 172.
36. J.-B. Gareau, c.s.v., "La Prévôté de Québec...", dans RAPQ, 1943-44, 64.
37. Document reproduit dans BRH, XIII (1907), 350s.
38. ANQ, NF-4, Registres d'intendance, I, 44s.; Pièces et documents relatifs à
    la tenure seigneuriale... (Québec, 1852), II, 315s.
*   Voir plus haut, au chapitre VI, sa biographie, tirée de DBC, I, 504-506.

à Louis-Théandre Chartier, qui l'aurait ensuite léguée à René-Louis. Mais il est certain, en dépit des affirmations de Pierre-Georges Roy et du père Le Jeune, entre autres, que René-Louis ne l'acquit pas par "droit d'héritage"[39]: il en était déjà le propriétaire quand, le 12 juin 1677, du vivant de son père, il se soumit en son propre nom à la foi et hommage[40]; d'autre part, René-Louis et sa soeur renoncèrent en 1692 à la succession paternelle[41]. René-Louis aurait-il reçu cette seigneurie en avancement d'hoirie? Non pas. Plus simplement, comme il le déclare dans l'acte de foi et hommage de 1677, c'est lui, et non son père, qui l'obtint de Talon en 1672[42].

Les "débauches" de M. de Lotbinière

Louis-Théandre Chartier de Lotbinière retourna en France en 1677 et ne revint jamais au Canada. Au témoignage de l'intendant Duchesneau, il se laissa aller, à Paris, à de coûteuses débauches, dans lesquelles il engloutit même l'argent des pensions qu'il touchait pour sa fille, veuve de Pierre de Joybert, ex-commandant en Acadie[43]. Il mourut peut-être en 1690 ou peu avant, car à l'automne de 1690 son fils René-Louis voulait s'embarquer pour la France, appelé par des affaires importantes; le gouverneur et l'intendant le retinrent cependant jusqu'au printemps suivant*. Or, le 2 mars 1692, à Paris, René-Louis Chartier

---

39. P.-G. R[oy], "René-Louis Chartier de Lotbinière", dans BRH, XXXIII (1927), 263; Le Jeune, Dict. général, II, 172.

40. ANQ, NF-5, Cahiers d'intendance, II, 496-498.

41. ANQ, Minutier de Louis Chambalon, 13 juin 1701. — Voir André Vachon, "Inventaire des biens de René-Louis Chartier, sieur de Lotbinière (Québec, 13-17 juin 1701)", dans RHAF, vol. XXI, no 4 (mars 1968), 803-824; et André Vachon, "Seize documents concernant René-Louis Chartier de Lotbinière", dans BRH, LXIX (1967), 99-107.

42. ANQ, NF-5, Cahiers d'intendance, II, 496r. Ce fait a déjà été affirmé par Gareau, op. cit., dans RAPQ, 1943-44, 65. Les deux arguments nouveaux que j'apporte devraient lever tout doute qui eût pu raisonnablement subsister.

43. Cf. P.-G. Roy, La ville de Québec sous le régime français, I (Québec, 1930), 362.

*   Voir plus haut, chapitre XVIII, la biographie de René-Louis, tirée de DBC, II, 142-145.

signait un acte, ainsi décrit dans l'inventaire de ses biens
dressé en 1701[44]:

> Une grosse en papier d'acte de Renonciation faite par
> Mond[it] Sieur Le lieutenant general Tant en son nom
> que comme procureur de dame Marie françoise Chartier
> veuve de pierre de Joybert escuyer Seigneur de Soulange
> marsan et autres lieux Commandant en laccadie, a la
> Succession du deffunt Monsieur M[aît]re louis Theandre
> Chartier escuyer Seigneur de lotbiniere Leur pere
> vivant aussy lieutenant general en la prevosté de
> cette ville passé par Levesque et Raymond notaires
> au Chatellet de paris en datte du 2e mars 1692.

Il faut croire que Louis-Théandre Chartier laissa à sa
mort plus de dettes que d'écus. La renonciation de ses enfants
à sa succession confirme, semble-t-il, l'affirmation de Duchesneau;
d'autre part, ce document précise quelque peu l'époque de la mort
de Chartier.

Une erreur de lecture

À la question: "Quel est ce M. de Lotbinière, capitaine dans les troupes, qui, avec M. de Maricourt, au dire de la
Mère Juchereau de St-Ignace, pointait si justement les canons
vers la flotte de l'amiral Phipps en 1690, qu'il ne perdait pas
un coup", A. de Léry McDonald répondait, en 1927: René-Louis
Chartier de Lotbinière[45]. Trois ans plus tard, Pierre-Georges
Roy citait ainsi le texte auquel se référait de Léry McDonald:

> Deux capitaines, M. de Maricourt et M. de Lotbinière,
> prirent soin des batteries et pointaient le canon si
> juste qu'ils ne perdaient point de coups. M. de
> Maricourt abattit avec un boulet le pavillon de
> l'amiral...[46]

44. ANQ, Minutier de Louis Chambalon, 13 juin 1701.
45. A. de Léry McDonald, "René-Louis Chartier de Lotbinière, premier conseiller
au Conseil supérieur", dans BRH, XXXIII (1927), 585.
46. P.-G. Roy, La ville de Québec sous le régime français, I (Québec, 1930),
498.

René-Louis Chartier de Lotbinière participa à la
défense de Québec en 1690: il avait reçu, le 6 juin, une commission de colonel de milice[47]; il fut, la même année, colonel
de la deuxième compagnie formée par Frontenac[48]. Ce n'est pas
lui, néanmoins, qui pointait les canons en compagnie de Maricourt.
Il suffit, pour s'en convaincre, d'examiner le texte original de
la Mère Juchereau, fort lisiblement écrit du reste:

> On ne laissa pas de les beaucoup incommoder [les Anglais]
> quoy que [nous] n'eûssions pas de cannoniers, ce fût deux
> capitaines, M. de Maricour et M. de Lorimier qui prirent
> soin des batteries, et qui pointoient eux mêmes le canon,
> mais si juste qu'ils ne perdoient point de coups, M. de
> Maricour abbatit avec un boulet le pavillon de l'amiral... [49]

L'erreur provient donc d'une mauvaise lecture.

Pierre de Saurel

Au moins trois localités de France portent le nom de
Sorel. Pourtant, Pierre de Saurel (ainsi signait-il), qui donna
son nom à la seigneurie et, plus tard, à la ville de Sorel, au
Québec, n'était originaire d'aucune d'entre elles, étant né à
Grenoble en 1628.

Capitaine d'une compagnie du régiment de Carignan,
Saurel débarqua à Québec à la mi-août 1665. Le 25 août, il par-
tait pour l'embouchure du Richelieu, avec l'ordre d'y construire
un fort. Il y passa l'hiver. En 1666, il participa à la campagne victorieuse de M. de Tracy contre les villages agniers.

Peu après le licenciement de son régiment, Saurel
épousa à Québec, le 10 octobre 1668, Catherine Legardeur de
Tilly. En 1672, il recevait de Talon la seigneurie de Saurel,

47. ANQ, Minutier de Louis Chambalon, 13 juin 1701.
48. ASQ, Polygraphie 3, no 113.
49. Dom Albert Jamet, éd., Les Annales de l'Hôtel-Dieu de Québec, 1636-1716
(Québec, 1939), 254. Jamet a publié la photographie de cette page du
manuscrit, p. 255.

où lui et sa femme habitaient déjà. Tout en établissant des colons dans son fief, Saurel exploita vigoureusement le domaine qu'il s'y était réservé: en 1681, il avait 43 bêtes à cornes, 68 moutons, 18 chèvres, et 150 arpents en valeur.

À l'instar de plusieurs seigneurs canadiens, Saurel s'adonna aussi à la traite des fourrures. En 1682, associé à La Chesnaye, à Radisson et à Des Groseilliers, il se serait même rendu aux environs de la baie d'Hudson. On comprend que Frontenac ait tenu à le consulter sur la traite de l'eau-de-vie (1678) et sur la politique à adopter à l'égard des Iroquois (1682).

Pierre de Saurel mourut à Montréal en novembre 1682; sa femme, qui dut vendre la seigneurie en 1713, lui survécut jusqu'en 1732. Ils n'eurent pas d'enfants.

Hilaire Bourgine

Hilaire Bourgine était à Montréal en septembre 1678; peut-être y était-il arrivé l'année précédente. On ignore son occupation à ce moment. Le 10 août 1682, il se préparait à rentrer en France. De retour dans la colonie en 1684, il y tâta du commerce, semble-t-il. Il fut greffier du bailliage de Ville-Marie de décembre 1684 au printemps de 1687, et notaire seigneurial de 1685 à 1690. Le 9 décembre 1687, il recevait des sulpiciens une commission de procureur fiscal; sauf une interdiction momentanée, le 12 mai 1690, pour outrage et attentat à la personne du juge Migeon de Branssat, il exerça jusqu'à l'automne de 1690. Il rentra en France en 1691. En 1687 ou 1688, il avait épousé Marie Gazaille, née vers 1671, qui lui donna un fils, René-Hilaire, baptisé à Montréal le 7 décembre 1689. Bourgine alla s'établir à La Rochelle, d'où il était peut-être originaire, et se lança dans le commerce, entretenant des relations suivies avec le Canada. Il vivait encore en 1741: il ne pouvait guère avoir moins de 80 ans. Il mourut probablement à La Rochelle.

Les assemblées publiques au Canada

Le lieutenant général de Tracy et l'intendant Talon écrivaient en 1667:

> Posant toujours le même principe que l'obéissance et la
> fidélité dues au prince souffrent plutôt altération dans
> les pays de l'État éloignés que dans les voisins de
> l'autorité souveraine, résidant principalement en la
> personne du prince et y ayant plus de force et de vertu
> qu'en tout autre, il est de la prudence de prévenir,
> dans l'établissement naissant du Canada, toutes les
> fâcheuses révolutions qui pourraient le rendre de
> monarchique aristocratique ou démocratique, ou bien,
> par une puissance et autorité balancées entre les
> sujets, le partager en ses parties et donner lieu à
> un démembrement tel que la France a vu par l'élection
> des souverainetés dans les royaumes de Soissons,
> d'Orléans, comtés de Champagne et autres.

Ce "principe" impliquait, de la part de l'État, un
contrôle constant qui n'a pas manqué de s'exercer dans tous les
domaines de la vie coloniale, et il fut certainement, — en dépit
du paternalisme des autorités locales, — beaucoup plus rigoureux
au Canada qu'il ne l'était en France.

Une ordonnance de Frontenac sur les assemblées publiques, de 1677, met en lumière le souci des dirigeants de ne laisser aucune initiative "dangereuse" à la population: le gouverneur y fait défense à toute personne de tenir quelque assemblée
publique sans sa permission expresse; il interdit en outre la
signature de toute requête dont le plan ne lui aurait pas été
soumis auparavant et n'aurait pas obtenu son approbation.

Cette réglementation de 1677 resta en vigueur durant
tout le régime français. Aussi n'est-il pas rare qu'on trouve,
dans les "Ordonnances des Intendants", des autorisations aux
habitants d'une paroisse ou d'une seigneurie de se réunir pour
discuter d'un problème commun, — construction d'une église ou
d'un presbytère, par exemple. Pareilles assemblées, tenues sans
permission, eussent été considérées comme des émeutes, et jugées
comme telles par les tribunaux.

Une exception notable survint en 1717: à la suite
d'une requête de tous les négociants de la colonie, le roi per-
mit aux marchands de Québec et de Montréal — et non point à
ceux de Trois-Rivières — de s'assembler tous les jours pour

discuter de leurs affaires, et de nommer l'un d'entre eux pour
faire leurs représentations au gouverneur et à l'intendant. On
peut noter que cet arrêt royal arrivait assez tard, dans une
colonie qu'on voulait avant tout commerciale.

L'exode rural au Canada

        Tout au long de l'histoire de la colonie canadienne
sous le régime français, et plus encore au XVIIIe siècle qu'au
XVIIe, s'est posé le problème du surpeuplement des villes par
rapport aux seigneuries. Près du quart de la population, en
effet, vivait à Québec, à Trois-Rivières ou à Montréal.

        On peut évoquer plusieurs raisons pour expliquer un
phénomène qui n'est pas sans surprendre à cette époque: d'abord,
une bonne partie des colons venus s'établir au pays étaient des
artisans et des gens de métier, sans tradition agricole et sans
goût pour le travail de la terre; en outre, le mode de répartition des terres, à l'intérieur du système seigneurial, ne pré-
voyait pas — ni ne permettait — la formation de bourgs ou de
villages où les artisans eussent pu se regrouper pour exercer
leur art; enfin, beaucoup d'immigrants d'origine paysanne se
laissaient attirer, dès leur arrivée, par les alléchantes perspectives de la traite des fourrures.

        Cependant, la politique des autorités visait à ce que
"tous les gens inutiles [en ville] allassent sur des terres à la
campagne". Loin de voir leur souhait se réaliser, les dirigeants
déploraient, au XVIIIe siècle, un exode inquiétant des paysans
vers les villes.

        L'intendant Bigot décida d'intervenir. Le 20 avril
1749, il interdit à tout habitant de s'établir en ville sans sa
permission écrite, à peine d'être retourné sur sa terre, de voir
ses biens confisqués, et de payer cinquante livres d'amende; de
surcroît, ceux qui, en ville, loueraient une maison ou une chambre à un habitant des campagnes seraient condamnés à cent livres
d'amende.

Cette ordonnance s'explique par le fait que le surpeuplement des villes y engendrait la misère, d'une part, et qu'il rendait plus difficile le contrôle qu'on voulait exercer sur la population, d'autre part.

Le toponyme Ontario

Le toponyme Ontario désigne l'un des cinq Grands Lacs de l'Amérique du Nord, une province du Canada et une petite ville de la Californie.

C'est probablement Étienne Brûlé, en 1615, qui fut le premier Européen à apercevoir le lac Ontario, suivi quelques jours plus tard par Samuel de Champlain, qui en admira la partie orientale. Bien qu'il ne le connût encore que sur le rapport des Indiens, Champlain l'avait, dès 1612 ou 1613, représenté sur sa Carte geographique de la Nouvelle franse et baptisé du nom de Saint-Louis. Le lac Saint-Louis devint par la suite le lac Frontenac, à l'époque où le gouverneur de ce nom fit construire, sur l'emplacement actuel de Kingston, le fort Frontenac ou Catarakoui (1673); mais on l'appelait tout aussi bien le "lac des Iroquois", lesquels habitaient en effet le vaste territoire situé immédiatement au sud de ce lac.

Moins d'un siècle après sa découverte, toutefois, le lac Saint-Louis n'était plus connu que sous le nom d'Ontario. Ce toponyme, qu'on rencontre pour la première fois dans la Relation des jésuites de 1640-1641, puis dans celle de Bressani en 1653 et, la même année, dans une lettre de Marie de l'Incarnation, est d'origine iroquoise et certainement fort ancienne. Oniatariio signifie, en iroquois moderne, "beau lac"; c'est au demeurant la traduction que Bressani donnait déjà de ce mot en 1653: "Ontario, ò Bel lago". Horatio Hale voulait, en 1883, que la traduction exacte fût "grand lac", io, exprimant, en iroquois ancien, l'idée de grandeur plutôt que de beauté; dans le cas particulier du mot Ontario, cependant, il a contre lui le témoignage contemporain de Bressani. Mais trêve de subtilité!

Pendant tout le Régime français, la région du lac Ontario et, à vrai dire, tout l'Ontario actuel ne furent à peu près pas colonisés: la religion, le commerce et la guerre seuls s'y donnaient cours. En 1783, y arrivèrent quelques groupes de Loyalistes, qui prirent des terres et formèrent les premiers noyaux d'une population appelée à augmenter rapidement, si bien que, huit ans plus tard, la Constitution de 1791 créait dans ce territoire la province du Haut-Canada. Réuni au Bas-Canada par la loi d'Union de 1840, c'est en 1867, lors de la Confédération, que le Haut-Canada retrouva son statut de province distincte et qu'il adopta le nom d'Ontario.

Le toponyme Toronto

Autre toponyme d'origine indienne, nom de la capitale de l'Ontario, Toronto (de Karonta-o) signifie, en langue iroquoise, "un arbre (plongé) dans l'eau" ou encore, selon une autre interprétation, "arbres poussant dans l'eau"; en langue huronne, le même mot signifierait "lieu de rencontre".

C'est au XVIIe siècle qu'apparaît ce toponyme, orthographié d'abord "Taronto" (1679), "Tarenteau" (1680) et "Tarento" (1688): il désignait alors l'actuel lac Simcoe, au sud-est de la baie Georgienne. Du lac Simcoe, bientôt nommé par les Français lac aux Claies (traduction en quelque sorte de son nom iroquois), le toponyme Toronto fut transféré à la région actuelle de Toronto, sur la rive nord du lac Ontario.

Comme les nations indiennes du Nord passaient par Toronto pour porter leurs précieuses pelleteries aux Anglais de Chouaguen, le gouverneur de La Jonquière proposa, en 1749, d'y construire un poste de traite qui servît aussi à la défense. Le 20 mai 1750, Pierre Robineau, chevalier de Portneuf, arrivait au lieu de Toronto pour entreprendre la construction d'un premier poste, remplacé par un autre, plus grand, dès l'hiver suivant. L'établissement, appelé fort Rouillé, du nom du ministre de la Marine, fut incendié en 1759 par les Français et abandonné.

Quant à la ville même de Toronto, elle doit son origine à John G. Simcoe, qui, en 1793, en jetait les plans, décidait d'y établir le siège du gouvernement du Haut-Canada, et la baptisait du nom de York. Quand, en 1834, elle obtint sa charte

municipale, la capitale du Haut-Canada prit officiellement le
nom de Toronto.

Louis Riel, versificateur

Le 26 octobre 1972, L'encan des livres de Montréal Ltée/
Montreal Books Auctions Ltd mettait aux enchères quelques documents de Louis Riel, dont "a prayer attributed to Louis Riel",
que le catalogue présentait ainsi:

> Riel, Louis. Autograph Notes, in the form of a prayer,
> executed in pencil and in ink, unsigned, and bearing a
> note "Le gouvernement d'Ottawa en 70". 1. p. Folio,
> with portions of paper torn away, very worn.

Le catalogue ne paraît point douter que ce document
— que je n'ai pas vu — soit de la propre main de Riel, de
sorte que, par l'expression "attributed to Louis Riel", il faut
entendre que le chef métis, qui l'a écrite, passe aussi pour
être l'auteur de la pièce.

Le document comporte en fait deux prières: l'une, au
crayon, adressée à la Vierge; l'autre, à l'encre, adressée à un
saint non identifié, à qui on demande d'être "notre patron de
prédilection".

Voici ces deux pièces, telles que reproduites par le
catalogue:

(Au crayon)

> Vierge très pure, très prudente
>
> Vierge très prudente,
>
> Vierge très pure, très prudente
> Eloignez de nous les ténêbres
> du péché. Eclairez-nous durant
> la nuit de notre vie. Vous qui
> reflétez la lumière du Sacré-
> Coeur de Jesus Christ, comme la
> lune qui se leve dans son plein!

162

(A l'encre)

Que votre main me protège

Chaque jour. Et les plans de tous mes ennemis
Vont, en quatre ou cinq jours se trouver compromis,
Ses [sic] fondront ce printemps plus vite que la neige.

Soyez notre patron de prédilection

On aura noté que la deuxième prière, écrite à l'encre,
est formée de quatre alexandrins précédés d'un vers de sept
pieds. Ce vers et les trois suivants riment parfaitement: <u>pro</u>-
<u>tège</u>/-/<u>neige</u>, <u>ennemis</u>/-/<u>compromis</u>. Le dernier alexandrin est
isolé, et le troisième, bien que comptant douze pieds, comporte
une lacune évidente: "Ses [...] fondront...".

Si l'on excepte le fait que le premier vers paraît
incomplet, que l'avant-dernier comporte une lacune et que le
dernier n'a point de répondant (comme si la pièce n'était pas
achevée), on conviendra que les règles de la prosodie sont res-
pectées dans ce "poème": quatre vers réguliers de douze pieds,
rimes masculines et féminines embrassées, césure à la sixième
syllabe. Tout y est, ou presque, sauf la poésie.

Or, dans la prose apparente de la première pièce,
écrite au crayon, il se trouve aussi des vers. Les voici:

Vierge très pure, très prudente
Eloignez de nous les ténêbres du péché
Eclairez-nous durant la nuit de notre vie.
Vous qui reflétez la lumière
Du Sacré-Coeur de Jesus-Christ,
Comme la lune qui se leve dans son plein!

Ces trois octosyllabes et ces trois alexandrins ne
peuvent pas être le fruit du hasard. Il faut croire que Riel
cherchait à mettre son invocation en vers, et que peut-être on
se trouve ici devant un premier jet, comme le suggèrent l'emploi
du crayon, les reprises du début et l'absence de rimes.

Mais pourquoi Riel n'a-t-il point détaché les vers de
la première prière en l'écrivant? Voulait-il, sous les apparences

de la prose, cacher ses efforts poétiques? Ou cherchait-il plutôt à se remémorer une prière connue, que l'absence de rimes lui
aurait fait croire en prose?

Je suis enclin à croire que Riel est vraiment l'auteur
de ces ébauches, comme semble l'indiquer la lacune du quatrième
vers de la deuxième prière, lequel compte néanmoins douze pieds.
Il faudrait donc en conclure que, versificateur d'occasion[50],
le chef métis n'était guère doué pour la poésie.

Un "cheuf" indien?

En lisant récemment, dans le journal le 7ème Jour
(vol. I, no 1, 19 mars 1978), un article publié sous la signature de Me Louis-Luc Roy et consacré aux origines familiales du
"cheuf" de l'Union nationale, je me suis rappelé le mot cruel de
Paul Bouchard (je crois), alors journaliste, à l'adresse du
célibataire Maurice Duplessis: "Heureux célibat: cette race de
traître ne se perpétuera pas!"

Ce trait empoisonné contre la "race" de Duplessis, et
la prétention bien connue de ce dernier d'avoir "épousé la province", laquelle était toute sa famille, voilà qui provoque notre
curiosité et nous ramène à l'article du 7ème Jour. Malheureusement, s'il est avocat, Me Roy paraît ignorer tout à fait les
lois de la généalogie en ne voyant qu'une famille Duplessis en
Nouvelle-France, quand par ailleurs aucun des personnages qu'il
nomme n'est apparenté à l'ancien premier ministre.

Se rangeant peut-être inconsciemment du côté des géné-
alogistes qui voulaient que Duplessis fût de la famille (sinon de
la descendance) du Cardinal de Richelieu (Armand-Jean Duplessis,
duc de Richelieu) et que ses ancêtres remontassent au XIIe siècle,
Me Roy nomme le grand ministre de Louis XIII, mais sans préciser
si des liens quelconques l'unissent à notre Duplessis. À cette
filiation flatteuse, échafaudée par des chercheurs plus

---

50. De Riel, il existe un recueil de poèmes: Poésies religieuses et patrioti-
    ques (Montréal, 1886), 51 p.

enthousiastes que rigoureux, le "cheuf", qui n'était pas dupe, préférait avec raison ses origines paysannes, pour lui non dénuées de noblesse, et pour nous d'un fondement historique assuré.

Selon une autre théorie beaucoup plus répandue, mais également à rejeter et que Me Roy ne paraît pas connaître, Maurice Duplessis descendrait de Nicolas Gastineau, dit Duplessis, personnage d'une certaine importance dans la vie sociale, économique et administrative du gouvernement de Trois-Rivières au XVIIe siècle. Or Nicolas Gastineau eut trois fils: Nicolas, qui laissa un seul fils, mort très jeune en 1702; Jean-Baptiste, qui n'eut que deux filles; et Louis, qui eut un fils, Louis-Joseph, lequel, sans enfant mâle, fut le dernier de la lignée de Nicolas Gastineau.

À moins de croire à quelque génération spontanée, il faut bien que Maurice Duplessis ait eu des ancêtres! Et, bien sûr, il en eut. Ses parents étaient Nérée Duplessis et Marie Genest, et ses grands-parents, Joseph II Duplessis et Marie-Louise Lefebvre-Descôteaux; Joseph II était fils de Joseph I Duplessis et de Rosalie Caron; Joseph I, lui, était issu d'Isidore Duplessis et de Marie-Emilie Rouette, dite Vive L'Amour (au nom charmant!); et Isidore était né du mariage de Jean-Baptiste, dit Duplessis, et de Françoise Vacher, dite La Certe, célébré en 1740.

Mais, dans son contrat de mariage avec Françoise Vacher, Jean-Baptiste, dit Duplessis, est déclaré de père, de mère et d'âge inconnus. Situation contrariante pour le généalogiste (entre autres intéressés)!

Ce Jean-Baptiste, dit Duplessis, paraît bien ne pas avoir de nom de famille, Duplessis n'étant ici qu'un surnom, à moins qu'il ne soit l'indice de quelque appartenance... Le 10 juin 1714, justement, avait été baptisé à Détroit un jeune esclave indien, mascoutin de nation, âgé de trois ans et propriété de Louis Gastineau (dit Duplessis), lequel avait été son parrain et l'avait nommé Jean-Baptiste. Or, une fois marié, et comme par hasard, notre Jean-Baptiste, dit Duplessis, choisit, pour être parrain et marraine de son premier enfant, Jean-Baptiste Gastineau,

<u>dit</u> Duplessis,et sa fille Marie-Josèphe.

Il est presque certain que l'ancêtre de Maurice
Duplessis, époux en 1740 de Françoise Vacher, et l'esclave de
Louis Gastineau furent un seul et même homme. Indien pur sang
ou métissé? cela est une autre question. Les deux Gastineau,
celui dont il portait le prénom, Jean-Baptiste, et Louis, auquel
il appartenait, ont eu, semble-t-il, des enfants naturels avec
des Indiennes. Jean-Baptiste a pu être du nombre. Pourtant, vu
le statut d'esclave du jeune Mascoutin lors de son baptême, je
suis enclin à penser, pour ma part, qu'il était Indien de père
et de mère.

Selon Raymond Douville, mon collègue de la Société des
Dix, qui a débrouillé la généalogie du "cheuf" dans nos <u>Cahiers</u>
<u>des Dix</u> (vol. 39, 1974, p. 85-117), Maurice Duplessis, avec qui
il avait discuté de sa généalogie, se serait montré fier de son
ascendance indienne.

SOUVENIRS...

XXIX

De la persistance des idées reçues

Le salut du Saint-Sacrement venait de se terminer.
Après la bénédiction, l'aumônier avait récité, à l'accoutumée, la
prière prescrite pour la "glorification sur cette terre du vénérable François de Montmorency-Laval et des autres serviteurs de
Dieu qui ont illustré l'Église du Canada".

Nous étions à peine dans le corridor que mon voisin,
un "grand" de cinquième année, me déclara sur un ton sans réplique: Mgr de Laval ne sera jamais canonisé.

Imaginez ma surprise.

Mgr de Laval, ajouta-t-il, fut enterré vivant et, dans
sa tombe, se dévora le bras de faim et de désespoir. Une sorte
de suicide...

Les autorités du Séminaire de Québec s'ingéniaient à
tenir ce fait caché, mais les deux frères de mon compagnon fré-
quentaient l'institution et en avaient entendu parler.

Bouleversé, honteux comme s'il se fût agi de moi-même,
j'osai enfin, quelques jours plus tard, consulter un de mes
oncles, qui me confirma la triste fin de notre premier évêque;
un ami, à qui je confiai le secret terrible, m'apporta peu après
le témoignage de son père, depuis longtemps au courant de la
macabre affaire.

Chaque vendredi après-midi, pourtant, l'aumônier, après
la bénédiction du Saint-Sacrement, continuait à prier pour la
glorification "sur cette terre" de Mgr de Laval. Pour moi, qui
n'avais guère que huit ou neuf ans, ce nom était dès lors celui
d'un réprouvé, si bien que j'en arrivai, en prononçant avec le
prêtre l'invocation à saint Michel-Archange qui suivait nos
messes quotidiennes, à placer le vénérable prélat au nombre des
démons: "...et vous, Prince de la milice céleste, repoussez en
enfer, par la puissance divine, Satan et les autres esprits

mauvais qui parcourent le monde pour la perte de nos âmes".

*   *   *

Les années passèrent. Je restai sur mes positions.

Un jour, — j'avais bien treize ans, — un confrère de classe fit allusion au bras mangé. Autour de nous, quelques-uns se récrièrent: "C'est faux!" — "Ce n'est pas possible." Un malin voyait en ce drame l'oeuvre de quelques rats affamés. Discussions, sarcasmes, recours au professeur, réponse diplomatique de ce dernier, rien ne m'ébranla, et je m'entêtai à prier l'archange saint Michel avec une ardeur renouvelée.

Simon *** s'entêtait lui aussi. Il finit par découvrir, du moins à ce qu'il dit, qu'avant l'inhumation on avait enlevé à Mgr de Laval son coeur, qui fut remis, dans une boîte de plomb, aux prêtres du Séminaire de Québec. Cette révélation m'abasourdit, et l'opération me parut barbare. Ce serait donc les rats...

Sur les entrefaites, un certain chanoine, prêtre du Séminaire, vint nous donner une conférence sur Gérard Raymond, dont il s'occupait de la cause de béatification. La période des questions arrivée, j'hésitais à soulever directement le problème de Mgr de Laval — j'eusse été en dehors du sujet — et encore plus, pour des raisons évidentes, à évoquer son "suicide". J'allai à mes fins par un biais: "Gérard Raymond priait-il souvent devant le coeur de Mgr de Laval?" De coeur, affirma le chanoine, il n'y en a pas au Séminaire.

Je triomphais. La poitrine épiscopale avait été mise en terre avec tous ses morceaux, si l'on veut bien me pardonner l'expression qui fut alors mienne.

*   *   *

Quelques années encore, et je changeai beaucoup.

Les espérances de ma propre vie me rendaient bien indifférente la mort désespérée de Mgr de Laval. Je crois même que je ne pensais plus du tout au vénérable évêque. J'avais, comme il est normal à dix-sept ans, brisé avec le passé pour me projeter tout entier vers l'avenir.

Environ ce temps, je découvris le Dictionnaire des idées reçues, de Flaubert, que je lus in occulto. Je remarquai une fois encore — ce que je soupçonnais depuis peu — que les hommes sont partout et toujours les mêmes, que leurs sottises elles-mêmes ne diffèrent point d'un pays à l'autre et d'une époque à la suivante: Calvitie: "Toujours précoce, est causée par des excès de jeunesse ou la conception de grandes pensées", rapporte Flaubert. — Écriture: "...Indéchiffrable: signe de science. Ex.: les ordonnances des médecins." — Féodalité: "N'en avoir aucune idée précise, mais tonner contre."

De mot en mot, j'en fus bientôt à Inhumation: "Trop souvent prématurée: raconter des histoires de cadavres qui s'étaient dévoré le bras pour apaiser leur faim."

Je relus et n'en croyais pas mes yeux!

L'histoire du bras mangé par Mgr de Laval, une idée reçue, une sottise? Le doute me tenaillait. Pourtant, avant la généralisation de l'embaumement, de pareils accidents étaient possibles. Et puisque cette "idée reçue" existait, c'est qu'elle avait un fondement. Même les légendes reposent souvent sur un fait dûment constaté. Je débattais avec moi-même, incapable d'en sortir, craignant trop d'être ridicule pour m'enquérir de la vérité auprès de mes professeurs — tous prêtres d'ailleurs et, comme tels, favorables sans aucun doute à Mgr de Laval.

Je me promis de vider la question dès que je pourrais le faire sans perdre la face.

*   *   *

Une autre tranche de ma vie bascula dans l'éternité, et je me retrouvai historien.

Un soir de 1957 ou de 1958, ma femme et moi avions le plaisir de recevoir un de mes anciens professeurs de la faculté des Lettres, futur membre de la Commission Parent, un couple de médecins québécois et un poète alors inconnu, qui, pour se consoler d'enseigner les mathématiques dans une école de métiers, composait, timidement encore, des chansons sur son pays de Natashquan. Souvenirs d'université, poésie, système d'éducation,

Duplessis, les bourreaux de la Nouvelle-France, on parla de tout,
même de Mgr de Laval et de son bras... Légende ou pas, eux, ils
y croyaient. Je ne jugeai pas devoir faire part de mes doutes
anciens — un peu oubliés depuis ma rhétorique — ni surtout nommer Flaubert. En apparence, nous nous entendîmes comme chanoines
en foire pour damner ce pauvre Monseigneur.

Dès le lendemain, toutefois, je me mis en frais d'élu-
cider cette mystérieuse affaire, et j'y parvins heureusement, de
sorte que je pus, en 1958 et en 1959, pendant les fêtes du tri-
centenaire de la consécration épiscopale et de l'arrivée à
Québec de Mgr de Laval, répondre savamment, sur ce point, aux
fréquentes questions de mes parents et amis.

Puis Mgr de Laval tomba dans l'oubli.

Mais voilà qu'en 1966, dans une communication lue à
l'Université McGill[1], Luc Lacourcière parlait d'une femme qui,
selon un informateur, avait été enterrée vivante:

> Je ne trouvai rien d'étonnant à cette anecdote que
> j'avais entendue maintes et maintes fois au cours
> d'enquêtes folkloriques, affirmait Lacourcière. On
> l'a même déjà appliquée à Mgr de Laval! C'était une
> vieille hantise d'autrefois avant l'industrialisation
> de la mort.

L'éminent folkloriste s'exprimant au passé, je crus la
légende bel et bien morte.

Il n'en était rien...

Le printemps dernier, invité à une émission de télévi-
sion pour parler de Mgr de Laval, je m'entendis poser, dès
l'abord, la question suivante: "On dit que Mgr de Laval fut
enterré vivant et qu'il se dévora un bras dans sa tombe. Est-ce
vrai?"

*   *   *

---

1. Luc Lacourcière, "À la recherche de Nelligan", dans Nelligan, poésie rêvée,
poésie vécue, Le Cercle du Livre de France [1967], 51.

Eh bien non, ce n'est pas vrai!

Mgr de Laval mourut, en grande réputation de sainteté, "entre huit et neuf heures du matin" le 6 mai 1708[2]:

> Aussitôt après son décès les peuples l'ont pour ainsi
> dire canonisé, écrit l'intendant Jacques Raudot, ayant
> eu la même vénération pour son corps qu'on a pour ceux
> des saints, étant venus en foule de tous côtés pendant
> qu'il a été exposé sur son lit de parade et dans l'église,
> lui faire toucher leurs chapelets et leurs heures. Ils
> ont même coupé des morceaux de sa robe, que plusieurs ont
> fait mettre dans de l'argent, et ils les regardent comme
> des reliques.[3]

Ce que Raudot ne dit point, cependant, et qui est fort important pour couper court à la légende qui nous intéresse, c'est qu'il exista d'autres reliques, recueillies à la mode du temps.

Peu après la mort de Mgr de Laval, un chirurgien vint prélever son coeur, qu'on déposa dans une boîte de plomb, laquelle fut remise aux autorités du Séminaire. Le serviteur du prélat, le frère Hubert Houssart, en profita pour "tremper des linges dans son sang lorsqu'on l'a ouvert" et pour "enlever quelques os de dessus sa poitrine". "Tout cela, selon son propre témoignage, pour servir de précieuses reliques"[4].

Plus explicite encore, si cela était nécessaire, ce document autographe du même frère Houssart, qui était conservé en 1891 au grand séminaire d'Évreux:

> Partie d'un linge que j'ai trempé dans la poitrine de
> Mgr de Laval de Montmorency, premier évêque de Québec,

---

2. Oraison funèbre de Mgr de Laval par l'abbé Glandelet, 9 mai 1708, dans Quebecen. Beatificationis et Canonizationis... Francisci de Montmorency-Laval, Altera nova Positio, Typis Polyglottis Vaticanis, 1956, 626.
3. Cité par André Vachon, "François de Laval", dans DBC, II, 386s.
4. Lettre du frère Houssart, septembre 1708, dans Quebecen..., 667.

le jour de son décès, lorsqu'on l'ouvrit pour ôter son
coeur, le 6ème de mai 1708.

Fr. Hubert Houssart[5]

Que Mgr de Laval ait été mort depuis trois jours quand
on l'enterra dans la cathédrale de Québec, le 9 mai 1708, cela
ne saurait donc faire de doute — même si les Messieurs du Séminaire ont perdu son coeur.

*   *   *

Je n'ai pourtant pas, en écrivant tout ceci, la prétention de tuer la légende. Les légendes sont tenaces, et Voltaire
— Mgr de Laval ne l'eût point aimé, celui-là! — avait raison de
dire qu'"il faut des siècles pour détruire une opinion populaire".

Il est vrai que les opinions populaires font le succès
des "vendeurs de marée" (le mot est de La Bruyère) et les délices
des folkloristes.

Grand bien leur fasse!

---

5. Quebecen..., 653, note 1.

XXX

Ma première découverte

Dès le mois d'octobre 1954, étudiant en première année
à l'Institut d'histoire de l'Université Laval, je m'étais lancé
dans un "Inventaire critique des notaires royaux des gouvernements
de Québec, Montréal et Trois-Rivières (1663-1764)"[1], comme il con-
venait à un descendant du vieux notaire Paul Vachon.

C'est ainsi que je rencontrai l'objet de ma découverte,
François Bigot dit Lamotte, notaire royal dont le minutier, disait-
on, avait été perdu.

Mais laissez-moi le plaisir de vous raconter tout cela
par le menu...

*   *   *

L'affaire Bigot commença en 1871, avec l'inscription
par Mgr Tanguay, dans le premier volume de son Dictionnaire
généalogique, d'un certain François Bigot dit Lamotte, baptisé
en 1621, "notaire royal, établi au Cap-de-la-Madeleine"[2].

En 1899, après avoir cité Tanguay, J.-Edmond Roy déclarait qu'"aucune de nos archives ne fait mention" de ce notaire[3].

Le nom de Bigot dit Lamotte devait revenir en 1915,
dans l'Histoire de la paroisse de Champlain, où nous lisons que,
"vers 1660, François Bigot dit Lamotte, notaire royal, est au Cap,
plus occupé à coloniser qu'à tabellionner"[4].

---

1. Publié par tranches dans RHAF, vol. IX, no 3 à vol. XI, no 3.
2. Cyprien Tanguay, Dictionnaire généalogique..., I (Québec, 1871), 51.
3. J.-Edmond Roy, Histoire du Notariat au Canada..., I (Lévis, 1899), 55, 200.
4. [P. Cloutier], Histoire de la paroisse de Champlain, I (Trois-Rivières, 1915), 57.

Jusque-là, on n'avait guère obtenu d'éclaircissement sur ce mystérieux Bigot. Mais voilà qu'en 1922 l'Archiviste de la Province de Québec rapportait que

> M. E.-Z. Massicotte [avait] trouvé dans le greffe d'Adhémar, à la date du 15 mars 1704, une "concession par Gédéon de Catalogne, seigneur en partie du fief Marsollet, au-dessous du Cap de la Madeleine, à François Bigot, notaire royal de la juridiction de Trois-Rivières et procureur fiscal de la seigneurie de Champlain, demeurant sur la dite terre."

Et l'Archiviste de conclure que, "si Bigot dit Lamotte n'a pas laissé de greffe, il a néanmoins pratiqué comme notaire."[5]

Le dernier mot semblait dit dans l'affaire Bigot dit Lamotte, puisqu'on savait, dès lors, qu'il avait été notaire. Mais, à y regarder de plus près, ce texte même, qui paraissait établir l'existence du notaire royal Bigot dit Lamotte, remettait tout en question.

*   *   *

Selon Tanguay, Bigot serait né en 1621[6], date confirmée par le recensement de 1666, qui lui donne quarante-cinq ans[7]. Au recensement de 1681, toutefois, il déclare avoir soixante-quatre ans[8]. En 1704, l'année de la concession par Gédéon de Catalogne, Bigot aurait donc eu entre quatre-vingt-trois et quatre-vingt-sept ans. C'est là qu'à mon avis rien n'allait plus. Si un octogénaire peut planter, on le verrait mal commençant à défricher et à cultiver une terre neuve.

En outre, le texte de la concession ne dit pas que la terre fut octroyée à François Bigot dit Lamotte, mais à François

---

5. "Les notaires au Canada sous le régime français", dans RAPQ, 1921-22, 10.
6. Tanguay, op. cit., I, 51.
7. "Estat general des habitans du Canada en 1666", RAPQ, 1935-36, 145.
8. Publié par Benjamin Sulte, Histoire des Canadiens-français..., V (Montréal, 1882), 63.

Bigot, "demeurant sur la dite terre", laquelle était située dans
le fief Marsollet. Or il est bien constaté que Bigot dit Lamotte
habitait le Cap de la Madeleine[9].

À tout hasard, je consultai les registres paroissiaux
de la région de Trois-Rivières, pour découvrir — eh oui! — que
François Bigot, "habitant du Cap", ne savait pas signer.

Bigot dit Lamotte n'avait pas été notaire!

*   *   *

En 1704, il existait donc un notaire du nom de François
Bigot, et qui n'était pas Bigot dit Lamotte. Il restait à l'iden-
tifier pour que ma découverte fût parfaite.

Cherchant un François Bigot, j'en trouvai deux, respectivement fils et petit-fils de Bigot dit Lamotte, l'un et l'autre
en âge d'exercer le notariat en 1704.

Je savais que Bigot fils était décédé en 1708[10], qu'à
tout le moins il était disparu avant le 26 août 1710, date où
l'on fit l'inventaire des biens de sa veuve[11]. Or, dans l'Histoire
de la paroisse de Champlain, je trouvai mention d'un acte de
François Bigot, notaire, daté du 8 octobre 1712[12]. Le Bigot que
je cherchais ne pouvait être que le petit-fils de Bigot dit Lamotte,
le fils étant déjà mort en 1712.

Ma découverte, je la tenais! Ma première découverte...

*   *   *

Cependant, je m'avisai peu à peu que ma découverte et ma
renommée éventuelle reposaient tout entières sur une seule date,
1712, rapportée par le chanoine Cloutier. Et si cette date était

9. Loc. cit.; ASQ, Manuscrits, 134, et Registres des baptêmes, mariages et
    sépultures du Cap de la Madeleine (1680-1710), etc.
10. Tanguay, op. cit., I, 51.
11. Archives judiciaires de Trois-Rivières, Minutier de Jean-Baptiste Pottier,
    26 août 1710.
12. [P. Cloutier], op. cit., II (Trois-Rivières, 1917), 68.

erronée? Une mauvaise lecture du document original, et crac...

Pour en avoir le coeur net, je pris le train pour Trois-Rivières et me présentai au Palais de justice, afin d'y examiner la minute de Normandin, du 12 juillet 1719, dans laquelle se trouvait la référence à l'acte de Bigot du 8 octobre 1712.

Avant d'entrer en possession de ce document, je dus subir un long interrogatoire de la part d'une espèce de gardien, dont la méfiance, heureusement, finit par se dissiper.

Même qu'il passa aux confidences. Puis:

- Connaissez-vous Monsieur Raymond Douville, me demanda-t-il soudain.

- Douville? Euh... non.

- Un chercheur extraordinaire, Monsieur. Le meilleur chercheur de la province. Personne ne connaît comme lui l'histoire de la région. Tous ces actes notariés, il les a lus.

Quand, enfin, je pus tenir le mien, mon acte notarié, je m'arrêtai longuement sur le passage relatif à Bigot. Le "douze" sur quoi tout reposait, je l'examinai minutieusement, détaillant chaque lettre et suivant chaque mouvement, pour ainsi dire, de la plume notariale. À n'en point douter, c'était un "douze" que j'avais sous les yeux, et parfaitement lisible en définitive.

Je rédigeai consciencieusement la fiche suivante:

Citation exacte:

[contrat] passé par M.^{e} françois Bigot No.^{re} Royal
le huicti^e octobre mil sept cent douze

Je rentrai à Québec rassuré. J'étais allé aux sources.

*   *   *

Dans les jours qui suivirent, j'écrivis mon premier article d'histoire: "François Bigot dit Lamotte fut-il notaire royal?" Mes sept pages rédigées, corrigées, lues et relues, recorrigées et fignolées, j'allai le porter à M. Antoine Roy, alors Archiviste de la Province et directeur du <u>Bulletin des recherches historiques</u>, mon futur patron.

L'article parut en septembre 1955[13].

Je n'étais pas peu fier, et de ma découverte et de mon article. Je me croyais lancé... J'en eus presque la certitude, en tout cas, quand je reçus la lettre suivante (6 décembre 1955) du Père Archange Godbout, président de la Société généalogique canadienne-française:

> J'ai lu avec un vif intérêt votre belle étude parue dans le Bull. des Rech. Hist. sur le notaire François Bigot. Ce travail prouve que vous savez vous documenter et utiliser vos sources.
> J'ignore si vous appartenez à notre Société Généalogique Can. Franç. Si non je me ferais un honneur de vous y présenter.
> De toutes façons je vous invite à publier dans nos "Mémoires" qui traitent de l'histoire de nos familles et de la petite histoire.

Sans tarder je sollicitai mon adhésion à la docte société, tout en protestant que je n'étais en rien généalogiste, mais historien. Le 23 décembre, le Père Archange me fit gentiment la leçon — leçon de modestie — et m'annonça qu'il proposait ma candidature à l'approbation du secrétaire (mon collègue d'aujourd'hui, Roland-J. Auger). Je fus agréé.

*   *   *

Pendant les premiers mois de 1956, je terminai mon "Inventaire critique des notaires royaux...". Je voguais sur une mer calme, dans un état quasi euphorique, quand soudain le tonnerre me tomba dessus.

---

13. André Vachon, "François Bigot dit Lamotte fut-il notaire royal?" dans BHR, LXI (1955), 129-132.

En juin, parut dans le Bulletin des recherches historiques un article intitulé: "Quel François Bigot fut notaire
royal"[14]. Cet article était signé par... Raymond Douville.

Pour la première fois, je rencontrais M. Douville,
homme pacifique s'il en est, mon prédécesseur aux Archives
nationales du Québec et mon confrère de la Société des Dix.

Me donnant raison d'écarter François Bigot dit Lamotte
des rangs du notariat colonial, M. Douville ajoutait:

> M. Vachon élimine également François Bigot fils, en se
> basant sur un contrat du notaire Normandin, concernant
> un échange de terres entre Alexis Raux et Michel Raux,
> lequel cédait la moitié du terrain à lui concédé par
> contrat "passé par Me François Bigot Nore. Royal le
> huicte octobre mil sept cent douze." C'est le seul
> argument apparent sérieux et irréfutable sur lequel
> M. Vachon puisse échafauder sa théorie.

En somme c'est bien ce que j'avais écrit. Et M. Douville
de poursuivre:

> Mais M. Vachon s'est fié trop naïvement à la citation
> de l'Histoire de Champlain qui signale ce contrat. Car
> l'acte original de Normandin dit bien "huit octobre mil
> sept cent deux", et non mil sept cent douze.

Et moi qui avais fait le voyage de Trois-Rivières pré-
cisément pour vérifier ce fameux douze! Mais qui le croirait
maintenant?

Envolée, ma découverte — d'autant que les preuves
accumulées par M. Douville étaient accablantes!

*   *   *

---

14. Raymond Douville, "Quel François Bigot fut notaire royal", Ibid., LXII
    (1956), 89-91.

J'étais bel et bien "enfoncé", comme on dit.

Remarquez, cependant, cher lecteur, que, pour y arriver, il n'avait fallu rien de moins que l'intervention du "meilleur chercheur de la province".

J'en étais presque fier. Un vers de Corneille me vint à la mémoire:

Pour moi, bien que vaincu, je me répute heureux.

Remerciements

Nous remercions les organismes et éditeurs qui ont autorisé la publication d'un certain nombre d'articles repris dans le présent recueil:

Les Archives nationales du Québec et
La Bibliothèque nationale du Québec

"De quelques erreurs au sujet de Chartier de Lotbinière", Bulletin des recherches historiques, octobre 1967, 139-142.

"Documents nouveaux sur Louis-Théandre Chartier de Lotbinière", Bulletin des recherches historiques, octobre 1967, 143-145.

La Chambre des Notaires du Québec

"Notaires de la Nouvelle-France nommés par le roi", Revue du notariat, LIX, 474-478.

"Le recensement de 1666 et les notaires", Revue du notariat, LX, 170-177.

Dictionary of Canadian Biography / Dictionnaire biographique du Canada

"Josias Boisseau"
"François Genaple"
"Nicolas Marsolet de Saint-Aignan", vol. I.

"Hilaire Bernard de La Rivière"
"René-Louis Chartier de Lotbinière"
"Paul Dupuy de Lisloye", vol. II.

Les Presses de l'Université Laval

"Deux mémoires de Champlain", <u>Revue de l'Université Laval</u>, juin 1958, <u>889-895</u>.

L'Institut d'histoire de l'Amérique française

"La 'suppression' de la Prévôté de Québec", <u>Revue d'histoire de l'Amérique française</u>, septembre 1970, 177-179 (extrait).

Achevé d'imprimer
en décembre 1988 sur les presses
des Ateliers Graphiques Marc Veilleux Inc.
Cap-Saint-Ignace, Qué.